Holm Teller

Rumlaufen in Ostdeutschland

Gedichte 2006 – 2012

Holm Teller

Rumlaufen in Ostdeutschland

Gedichte 2006 – 2012

*Bibliografische Information der Deutschen Nationalbibliothek:
Die Deutsche Nationalbibliothek verzeichnet diese Publikation
in der Deutschen Nationalbibliografie; detaillierte bibliografische Daten sind im Internet über http://dnb.dnb.de abrufbar.*

© 2013 Holm Teller

Illustration: Nadja Teller, Johann Teller

Herstellung und Verlag: BoD – Books on Demand, Norderstedt

ISBN: 978-3-7322-4917-6

Meinen Kindern

Eine Stunde
Rast
In einem Cafe, Vater
Etwas alte Pracht, Mutter
Irgendwo im Norden Böhmens

Und auch du, Bruder
Mit am Tisch der Erwartungen
Im Kopf des Kindes
Das ganze Jahrhundert verbunden
Mit allem, was kommen würde

Es kam anders.
Doch Sekunden
In die Ruhe des Raumes
Wendet ihr Haupt
Die Zärtlichkeit der Zeit

(Winter)

Freigang I

Am Fluss entlang und Frostschnee auf den Wegen
An diesem Mittag bin ich ganz allein
Nur manchmal Amseln unter Eichenbäumen
Zwei bunte Spechte, die vom Frühling träumen
In Dörfern stehen Häuser stumm im Freien
Auch eine Kirche, hoch am Hang gelegen

Am Fluss entlang, der schweiget unterm Eis
So schweigt das Land mich an, so schweig auch ich
Und folg' dem Tal bis in die kalte Stunde
Die Hänge stehen voll Wald in weiter Runde
Hier waren die Grenze und der Traum für mich
Von etwas, das ich immer noch nicht weiß

Am Fluss entlang, in seiner Mitte fließt er frei
Tauchvögel suchen noch nach kaltem Fisch
Im vorigen Jahrhundert lebt' ich hier
Und jetzt im Freien wie ein ängstlich Tier
Motoren folgen mir, meist misstrauisch:
Nur Schelme fliehen das sichere Einerlei

Roßwein / Sachsen

1

Ein Nachmittag wie eine Erinnerung
An frische Wäsche in sonnigen Höfen
Keiner ist mehr
Hier.
Wie Käfer klettern große Autos
Durch die leere Szene.
IMBISS das letzte Wort
Auf dem Marktplatz.
Der neue Putz auf der Verwaltung
Hält nichts mehr
Zusammen.
Die Kirche strahlt
Im blauen Tag
Gold
Hoch am Himmel.

2

Die Kleinstadt sitzt auf den alten Fabriken
Schneetücher gleißen herein von den Hügeln
Ringsum ist Sonne, im Schatten die Wälder
Frieren kahl auf dem Fels

Am Hang hoch die Häuser, sie zeigen die Zeiten
Am Feldrand zuoberst der neue Gewinn
Doch Straßennamen trotzen der Zeitung
In einem hellen Quartier

Am Fluss über Brücken holen Eltern die Kinder
Zu kleinen Worten zwischen Arbeit und Nacht
An Straßenecken gibt es sogar noch 'nen Bäcker
Behinderte warten nach Dienst auf den Bus

Dörfer bei Leisnig

Das Land wie ein Laken vor der Weihnachtsbescherung
Über Naschteller gebreitet in heimeliger Lust
Darunter die Schätze der Kindheit geborgen
Und niemals wirklich gehoben ans Licht

Gehölzreihen an Bächen, Nähte der Landschaft
Liefen in Senken hinunter zum Fluss
Und Turmfalken folgten

Und Knospen sah ich im frosthellen Morgen
An Birnbaumchausseen die Hügel hinan
In den Falten der Felder witznamige Dörfer
So viele, so kleine, wo kamen sie her?

Wo Menschen wohnten, unter der Lockung der Märkte
Unter der Schwere des alten Betons
War kaum noch erkennbar das köstliche Gut

Roh wie `ne Wunde und schrill in der Stille
Brach immer wieder das Scheitern hervor
Etwas um mich her war nicht zu fassen
Lag auf dem festlichen Tag wie ein Gift

Leipzig Innenstadt

Ästhetik aus Shopping und Eating
Behaglichkeit der Vertikale
Schauglas so hoch
Wie Giebel in Mecklenburg
Kaufpaläste imperiale Blöcke
Höhlengänge aus Accessoires
Im Wert einen Kontinent
Zu retten doch angetreten
Zum täglichen Showdown
Von zehn bis zehn
Mit gefalteten Servietten
Und den Stromkosten
Für ganz Afrika —
Nicht vergessen ganz und
Gar auf prämierten Presse-
Fotos aufgebahrt unter zwei
Rolltreppen eingekreist
Im Bauch des Bahnhofs
Hinter Glas und Glamour
Von den Fressenden

Funkelnde Stunde

Abends als zurückkam der Frost
Flogen flussaufwärts
Bis in die Vorstadt
Seltene Arten.
Die kostbaren Pfade

Zwischen gestern und heute
Und dem Alltag
Der mühenden Stadt
In den Schleifen des schönen Tales –
Sogar Biber waren am Werk

(Unter der Schnellstraße)!

Wurde es da nicht Zeit
Und Raum
Den eigenen Kohl zu bauen
Am Fluss
Auf funkelnden Inseln?

So nah noch lag der Schrott
Neben dem flitzenden Vogel
Wie ein Neonpfeil raste er
Lautlos vorbei
Und fischte im kalten Graben zu Abend

Feierabend

        Erschreckend klar das Licht an diesem kalten
Nachmittag
Die Aussicht auf ein arbeitsloses Morgen
Zwischen den Hügeln sehe ich weit bis an den Rand
Unschuldig weiß dreht sich Ökonomie
Ganz aus der Ferne Dunst ragt sonnig eine Wand

Wer braucht was ich gelernt jetzt machen's leise Medien
Und was ich denke ist nicht laut genug -
Ich starre auf der Landschaft Abendkleid
Der Schneestoff dünn darunter ihre Glieder
Die sind wie Zauber obwohl die Menschen sie in Arbeit
schufen

Das Licht aus Schnee und Holz und Himmel über Weide-
wiesen
Und Flüge abendlicher Drosseln rufen
Es müsste mir was sagen müsst' ein Zeichen geben
Doch unbeeindruckt ist es einfach nur so da
Vor einem kalten Blau

Es ist nur kleiner Wind aus Ost der mir die Seite beißt
Das Land hat eine große Ruhe unterm Feierabend
Des Winters Wimpern der Bäume Kronen stehen schwarz

Advent II / Ein Nachtrag

Als die Blätter gegangen waren
Wie seine Arbeitslosenversicherung
Seine Frau und seine Tochter
War er abgestiegen im Wald
Vom Fahrrad und noch einmal
Über einige der Dinge hinausgeklettert
Auf einen Hochstand.
Mit etwas zu trinken. Mit einem Notizbuch.
Dann war er verhungert.
Vierundzwanzig Tage lang.

Man kann es nachlesen
Zwei Monate später
Vor dem Wetterbericht
Auf der letzten Seite
Aus aller Welt

Fieber II

Als ich wieder mal im Februar
Krank lag und durchs Fenster sah
In das nebelkalte Grau
Dachte ich an eine Frau

Kürzlich sah ich erst ihr Bild
Auf der Zeitung buntem Schild
Wo im Tarnanzug sie prangte
Da ein ganzes Volke bangte

Ruhlos schweift' ihr Späherblick
Unter blond geföhntem Schick
Und den schwarzen Brillenaugen
Derer die als Schutz ihr taugen

Ernst und abgekämpft die Mienen
Straff die kugelsicheren Riemen
Wehrhaft blank die Schnappverschlüsse
Kühn zerbrechend Hindernisse

(Einer nur im Bild der lachte -
War's der Waldbesitzer welcher dachte:
„Die Geschichte bringt mir Ruhm
Wertet auf mein Eigentum!" ?)

Vorgedrungen waren sie schon
In des Waldes Kernregion
Wo man zwar nicht ihn gesehen
Doch sein Fahrrad neben Rehen

Die man abgeschossen hatte –
Er lag auf 'ner Schaumstoffmatte –
Doch das wusst' die Frau noch nicht
Tat nur ihre Kanzlerpflicht:
Nach dem Letzten noch zu suchen
Der nichts abbekam vom Kuchen
Denn das musste sie doch ändern
In den kriegsversehrten Ländern

Nach der Schlacht von oben nach unten
Sollte jetzt das Land gesunden
In der menschgemäßen Mitte
Wie bei Bürgerrechtlern Sitte

(Mal beim Abschluss eines Großen
Flugs aus Lohn und Brot gestoßen
War der Mann am Rand gestrandet
Und im deutschen Wald gelandet)

-

Auf einem Hochstand bei einer Eiche
Fand sie schließlich seine Leiche
Und begriff: Er war verhungert
Als sie noch herumgelungert

Mit den Oberkommandierern
Die halt rechnen mit Verlierern
Wie der Hobel mit den Spänen
Wegradiertem aus den Plänen

Und da wusste sie nicht weiter
Hockte auf des Jagdsitz' Leiter
Vor sich dieses Mannes Reste
Hinter sich die üblen Feste

Lange saß sie da und las
(Ihrer Garde schien's ein Spaß)
In des Mannes Tagebuch
Konserviert im Plastiktuch

-

Und sie sah in des Todes verfallenes Gesicht
...
Und sie dachte und sagte es leise zu sich:
„Ich schäme mich."

Greifswald

Für S.

Sag welche Wahrheit kann ich hier noch finden
An fremdem Ort nach viel zu vielen Jahren
Alles hat Zahlwert nun aus immer gleichen Gründen
Mit alten Augen muss ich neu erfahren

Die Stadt liegt wie ein Schiff auf flachem Hügel
Drei Kirchen stehen gegen alle Stürme
Schwer sitzt der rote Stein der Türme
Rings über Wiesen rudern große Flügel

Die Welt ist kalt vor blauem Himmel
Des Flüsschens Wasser schwappen unterm Rand
Zur Mittagszeit Fahrradgetümmel
Hungriger Jugend aus dem ganzen Land

-

Wir kamen nicht mal aus dem halben Land
Entflohen einer dumpfen Stadt
Gestrandet hier nur müd und matt
Der Träume Wälder waren schon verbrannt

Dann ging ich fort einander frei zu lassen
Und kreiste blind um einen stummen Ton
Ich hatte taub geknebelt uns mit hehren Worten
Und konnt` das blöde Elend doch nicht fassen

-

Ich sehe dass hier eine Landschaft liegt
Auf Wänden wohnt das Winterlicht
In kluger Stadt bleibt Klugheit schlicht
So schwer das neue Geld auch immer wiegt

Ich frag mich welche Arbeit dir noch bleibt
Im Endkampf hinter artigen Fassaden
Dein kluger Kopf – was der wohl jetzt so treibt
Und deine schmalen Finger spinnen welchen Faden

Was wär geworden in der Stadt zu zweit
Mit uns und einem wundgehofften Leben
Wie hätten wir bestanden jene eingefrorene Zeit
Und diesen Lärm um nichts – hätten wir schließlich
Uns nicht ergeben

Der Ryck hat weite Wiesen überschwemmt
Hunderte graue Gänse fallen ein
Am Bodden treibt der Nordwind ungehemmt
Mir Kälte in den Blick - ich lass es sein

-

...wir wären sicherlich viel Rad gefahren
Und lebten jetzt in Wiek wohl unterm Stroh
Mit unseren Kindern für Minuten froh
Wie hoch am Hang im blauen Zelt - vor welchen Jahren

Kleiner weißer Hirsch im Gehege

Das Spiel heißt
Gründung einer Stadt -
Landschaft als weißer Traum Peloponnes
In Pommerns arkadischen Hügeln
Im Grenzland der Könige
Zum milden Meer des Rügischen Boddens
Luden die Kinder der Krieger
Aufbauende *stillen Betragens*
Zum Baden die Gäste
Griechenland im Geist des geschäftigen Sommers
Im Winter der Restauration

Geschichte vom Verschwinden -
Die Kurgäste
Das Schloss
Die Arbeit
Zwei Jahrhunderte Sehnsucht:
Große Spiegel
Wehrlos
Im Süden der Insel
Tasten die Luft
Von Norden noch
Die Sonne im Februar
Den Platinschein im Wasser
Im Nachmittagspark -

Seltsamer Luxus des Unbrauchbaren:
An einem Donnerstag
Gehört mir der ganze Glanz
Auch die kostbaren Kronen
Die zärtlichen Gehölze und luftigen Wege
Im Auftrag des Adels
Irgendwie gekommen
Auf einen Überflüssigen
In seiner gehegten Freiheit

Der Tauchvögel balzende Bewegungen
Klingen im kalten Wasser
Nur eine Kettensäge wirtschaftet
In den Wüstungen des Wetters
Unübersehbar der gestürzte Halt
Und seine saubere Beseitigung
Als *geringfügige Beschäftigung* -
Nüchterne Spuren von zweihundert Jahren
„Hast du noch Arbeit?" – So simpel
Sitzt der Satz auf dem klassischen Markt
Zwei Frauen siebzehn Schritte vom edlen Theater
Bringen die Szene mit Yoricks Schädel
Blank auf dem leeren Platz wie ein Spiel

Rosenstöcke vor allen Häusern
Halten als *allerhöchste*
Erste Anordnung die Straßen
Und leeren Fenster die Türen die Rauten der Oberlichter
Wie Perlen zwischen den Verkaufsschildern
Und Brachen im Unrat

Nur das PÄDAGOGIUM -
Immer sollte es helfen
Mit Blaublütigen, Lehrern des Volkes, Langsamen Schülern
Proletarier der *Information Technology*
Sind jetzt an der Reihe
Seitlich vom Scheitel hängt es
Als großes Kind noch in schmuddeligen Klamotten
Dicht an den Haltern des Geldes
Fast oben auf dem CIRCUS
Der strengen Scheibe
Kreisend in sonniger Neigung
Um die alte Maltesche Nadel
Wie im Roulette

-

Als zurück ich ging durch eine lange Dämmerung
Stand im Erlenschatten nun der kleine weiße Hirsch
Nach dem Tag im restaurierten Eisenzaun
Würd' ihn trösten wohl für eine Nacht der Mond

Woyzecks Traum

Für H.

Was ein Wasser diesen Winter
Weht von Tag zu Tage her
Wäscht die Farben aus den Räumen
Fort ins Nebelmeer

Was ein Wasser diesen Winter
Schwarz steht schon das schwere Holz
Schön ist nur der Kronen Tanz
Stumm und nackt und stolz

Was ein Wasser diesen Winter
Liebste, zieh die Stiefel aus
Wenn der Siegersumpf nicht zufriert
Bleiben wir zu Haus

Was ein Wasser diesen Winter
Leg dich her ins warme Bett
Kommen wir zu spät zum Dienst
Jeder kriegt sein Fett

Was ein Wasser diesen Winter
Wie es läuft hinab und läuft
Von den Lippen dir ein Flüstern
Drin ich mich ersäuf

Was ein Wasser diesen Winter
Wolken wie dein Bauch so weich
Bald, Marie, wird Frühlingsmilch
Streicheln dich - dann sind wir reich!

Übergrün

Neulich stand ich auf 'nem Hügel
Stille war's, nur Vogelgeflügel
Rauschte kurz vorbei
Drüben, an des Nebels Rand
Schob ein Traktor müd durchs Land
Einerlei

Rehwildhorden im Getreide
Ganzjährige Sorglosweide
Für genormten Schmaus
Rings das Feld lag wie 'ne Wanne
Ich stand mit der Versekanne
Und goss Galle aus

Etwas an der grünen Fülle
Die da wuchs über der Gülle
Ließ mich Zukunft inspizieren
Osterfest antizipieren:
Sofort riss der Nebel auf
Und es erschien - ein Landverlauf:

Drüben, übers Asphaltband
Rollte Westbesuch ins Land
Chromkarossen streckten Kühler
In die laue Luft wie Fühler
Wirtschaftswunderweihnachtsstern
Vorne drauf und drinnen - Herren:
Herren über Ostgebiete
Herren über Pacht und Miete
Herren über Schloss und Riegel
Über jeden neuen Ziegel
Der von hier nach China ging
Und retour mit viel Gewinn

Herren über neun von zehn
Immobilien, die gut gehen
Herren über Press und Fernsehen
Über Preise, die kalt anwehen
Jeden, der halt Wasser braucht
Über Strom und das, was raucht
Herren über Geld und Banken
Herren über Tunnelschranken

Herren in Justiz und Amt
Herren in Talar und Samt
Herren über Schiff und Werft
Über alles, was nicht nervt
(Wie es tun zum Beispiel Kinder)
Herren über teure Damen
Mit der Herren Herrennamen
Kamen da nicht minder
Herren auch in langen Mänteln
Die um Kirchenbänke tändeln
Oder nur um's Bein:
Sollen die schwarzkreuzweißen Ritter
Und die innerdeutschen Gitter
Denn umsonst gefallen sein?

Nein, da sind die Herren vor
Fahren ein durch's Ostertor
Auf den neuen Autobahnen -
Denn sie sind selber auferstanden
Aus den nationalen Banden
Folgen ihren hehren Ahnen
Folgen ihren Krupp und Thyssen
BASF nicht zu vermissen
Auch der Dresdner Bank
Folgen stillen Kriegsverbrechern
Die aus goldgerahmt Gemächern
Zollen ihnen Dank

Und mit österliche Kunde
Starten sie die Antrittsrunde
Im globalen Dorf
Und das Volk in guter Stube
Drückt Schlagsahne aus der Tube
Und auf dünnen Schorf   -

Denn die Osterindustrie
Malt viel schneller als das Vieh
Mit den langen Ohren
Hat schon allen Markt der Welt
Für das Osterfest bestellt
Und für goldene Sporen

Und die großen Sendemasten
Richten ihre Spiegel auf
Dass das Volk die Botschaft höre
Und zum Tempel ström` zuhauf
Und die Botschaft tönt in Worten
Und die Worte und der Rauch
Von den vielen Osterfeuern
Ziehen davon - zum Himmel auch

-

Und ich stand auf meinem Hügel
Nur der Traktor war jetzt weg
Nebel wandelte zu Schnee sich
Grünes Feld zu weißem Fleck

An den vier Toren

Gut gesichert von deutschen Ketten
Ergeht sich die Kaufkraft
Die geblieben im geometrischen Gefilde:

In Rechtecken
Verlegenheit
Gerechterer Versuche

In einen Kranz gespannt
Für siebenhundert Jahre
Christlicher Geschäfte

Die Mitte frei (oder leer)
Ein Quadrat
Eingerüstet für morgen

(...)

Meine Angst
Die ich verrühre mittags in schwarzem Kaffee
Löst sich nicht auf
Als ich den Afrikaner seh und die junge weiße Frau
Und das zweijährige Kind
Wie sie Eis essen im noch winterlichen Wind
Dann, nach gemessenen Momenten der Rast
Gelassen in ihren Wagen steigen
Und denke an *ihre* Angst, als sie ohne Hast
Ihre Teilnahme am Fortgang des Alltags anzeigen

Hell aus der Ferne leuchtet
Das Erbe Beton
Oder der Abend
Über dem Tal der Tollense -
Der See trinkt von ihr
Der große See geschändet
Wie eine Göttin liegt er weit
Im Graben des flachen Flusses
Aus zehntausend Jahren
Und lässt das Licht
Über den nackten Leib streifen
Nach Norden zur Peene

Die Sorge

Für D.

Der Frühling blendet alles Licht
Über den Schnee der letzten Nacht
Die wintermüden Augen scheuen
Und altes Leben hat noch alte Macht

Ich kann von fern die Ostsee sehen
Luft zittert wie Erinnerung
An eine unbegriffene Zeit -
Die kalten Buchenwälder stehen stumm:

Ich trieb mich rum in jenem Leben
Wund wie ein ausgesetztes Tier
Die Bücher raubten mir die Sprache
Ich fror mich leer und schämte mich vor mir

Und als das Land zusammenbrach
Das gut zu machen nicht mehr ging
Starrt' ich noch immer auf die Leere
Die eine Falle mir im Halse hing

Gefesselt stürzten wir ins Neue
Das Neue grinste seinen Plan
(Riefen da Stimmen nicht von ferne?)
Wir waren jetzt den Uhren untertan

Ja, einmal schrie ein schwacher Schrei
Er klang wie Liebe, klang wie - *Not*
(Die Uhren tickten leis', ich hört' ihn gut -)
Und eh ich leugnen konnte, warst du tot

-

Der Frühling nimmt das Schweigetuch
Noch immer nicht von deiner Stirn
Und Schnee fällt durch dein rotes Haar
Und liegt auf meinem Mund - ein fahler Firn

Altes Papier

1

Noch immer liegt der Schnee schwer auf den Tagen
Als dürfe noch nicht weitergehen die Zeit
Als müsse erst gefunden sein das Wort
Nachts stellen Sterne kalte Fragen

Und an den Morgen starrt der Frost die Dämmerung
Die aufziehen will mit Licht und Vogellaut
Die Last des Schlafes schleicht aus den Papieren
Auf schmalen Bahnen der Erinnerung

Hinter der Nacht hat wohl ein Land gelegen
Das Helden brauchte - und sie schnell begrub
In einem Kinderliedersehnsuchtsgrab

Indianerspiel auf west-östlichen Wegen
In Kämpfen wo man Narrenkappen trug
Gehängt an einen schwarz-rot-goldenen Stab

2

Hoch überm toten Fluss der heile Garten
Der Tau, die Birnen und das süße Laub
Und unbesiegte Winternachmittage
Laternenschein am Haus. Die Welt konnt' warten

Dann lief ein Junge über eine Brücke
In einem anderen Land, in einem Lied
Wir können nicht zurück, nur schauen, woher wir kommen
Und vor der Zeit zerfiel die Zeit in Stücke

Ich folgt' dem Lied, der Traumspur seiner Worte
Und spürte doch die Narben schon von fern
Dein helles Haar war dieses dunkle Lied

Weit ging ich fort von dir an kalte Orte
Vielleicht wollt' ich auf Schiffen wiederkehren
Vorbei. - Nur das Papier, das blieb

Exil II

Nur vor der Nacht
Wenn die Dämmerung die Hauswand
An die Bäume näht
Wenn der graue Wind sich legt vor die vermessenen Felder

Komme ich vielleicht wieder hierher
Ich bin unterwegs auf verlorenen Fluren
Korridore Treppen - ich kenne das nicht
Türen die mich nur ausliefern

Ihr Mund wollte noch etwas sagen
Ihre Augen - ich war schon weg
Wie ein Held

Immer war der Februar nicht Fisch noch Fleisch
Konnte nur die Kindertage totschlagen
Und glauben machen es reiche für immer

Helles, fast weißes Blau

Hier, über der Nachmittagsbucht
Habe ich auf dich gewartet
Im Rücken den Klassenfeind
Vor mir - noch ungeboren – die innerste Grenze

Im Süden hinter den Äckern der Kirchturm
Und die Mühle der kleinen Stadt
Johnson hängte daran seine Sehnsucht
Hinter den Wassern im Westen begannen die Bücher

Die Wälder auf dem Landrücken
Der Nebel unter der Küste -
Die See in der Sonne ist still

An jenem Tag
Vor einem halben Leben
Das Meer im März unteilbar helles Land

Keiner kann es kaufen

Für N.

Das Sturmtief holt Luft
In Streifen eilt Licht
Über Felder auf weichem Fels
Das Volk der Buchen bespricht weiteres Warten
Auf den Frühling, grünstämmig vom Wasser des Winters
Da draußen Arkona - ein Leuchten
Wie aus Milch, wie am Morgen dein Hemdchen
Aber kälter

Rügen schläft noch
Nur paar Leute aus der Hauptstadt
Der Rest schafft für die Fütterung der Audis
Katzen und Kinder
Und meine Gedichte zu kaufen
Im Kapitalismus
Die Wellen der Ostsee lachen mich aus
Am steilen Hang noch gehe ich unter Bäumen

Das Meer hat Zeit
Im Nordosten kein Land mehr
Weite Sicht über die Tiefen
Die tanzen. - Nur wer nicht abrutschte
Und in die Kreide stürzte (erzählt man)
Wurde König
Von oben schauten sie zu
Schon damals

Über den Rücken der Küste und
Hoch über die Kronen der Wälder
Schweben zwei Engel hinaus aufs Meer

Sie kommen zurück und halten mich fest und Gestern
Und halten dich fest und Heute
Und Morgen

-

Dann, als der Februar zu Ende geht
Dreht sich blau in die Stunde
In die kostbarsten Farben der glückliche Stern
Das Holz, die Kreide, die Steine
Das Licht ist im Meer
Das Licht
All das Licht ist im Meer

Eine Zeit

(Frühling)

Die Kraniche

Nur Himmel über uns, die Welt ein kleines Grün
Im planetarisch freien Fall ein kurzer Traum
Wie halten erste Sonnen, die am Wegrand blühen
Den weiten Wind aus und wie den reinen blauen Raum?

In Wiesen stiegen Wasser und brachen ein ins Feld
Kiebitze stürzen gaukelnd durch die neue Luft
Ein Adler kreist, mein Herz! hoch in der Sonne Zelt
Soll sein, was kommen wird, solange sie die Kinder hält?

Mein Junge fährt voran auf seinem leuchtend Rad
Bald folgen kleine Tiere auf dem schmalen Pfad
Auf dieser Insel treibend in der Zeiten Bad
Was wird geschehen mit ihnen, wenn die Wasser steigen?

Der Himmel spiegelt dunkel sich im Wellenreigen
Im See. Der Mittag blendet einen blassen Mond -
Da hör' ich sie, die unruhig aus der Ferne zeigen
Auf etwas Unsichtbares, das hier unten wohnt

In ihren Rufen nach den kalten Horizonten
 - wie Geisterstimmen aus Jahrtausenden nach uns -
Klingt schon die Angst vor rasend nordverschobenen Fronten
Der Industrie und der verhexten Herden Hinz und Kunz

Ich seh' sie nicht. Ich höre nur der Vögel Warnung
Und steh beschämt im blauen Reich der Kreatur:
Noch einen Krieg erpresst der Präsident zur Tarnung
Wir lassen lügen, dienen Dingen, schweigen nur

Westlich Arkona

Die Matten des Landbaus getackert
Bis an die kalte Kante der Küste -
Doch plötzlich -
Sand der Südsee
Vor den Steinen der Eiszeit
Und ein Saum malviges Beige
Darüber ein kostbarer Kragen
Eschen am Steilhang
Der Königin Holz gespiegeltes Licht
Auf dem breiten nördlichen Schild

Dahinter das süße Wasser der See
Smaragd trägt sie heute
Und Schleier der Luft
Vor den Blicken der Engel
Aus Aquamarin

Hier ist der Fährort der Vögel
Das Wetter bringt sie hinüber
Und etwas, das wir nicht wissen
Die Wellen kommen zurück
Verraten es nicht
Weiß wie immer im März

-

Was haben gesehen die beiden Ranen
Wie meine Jungen vor tausend Jahren
Als sie hier standen paar Dutzend Meter
Wohl weiter im Meer?

Was haben verloren sie in den Stürmen des Winters
Was sich erhofft im steigenden Licht
Was wäre geworden, wenn nicht vergessen
Pizamars, des Friedens, Gesicht?

Die grünen Wasser des Baltischen Meeres
Wie spielen sie friedlich an des Nachmittags Rand
Sie haben den Vater mir zurückgegeben
Als ein Junge er war und ein Kriegswahn ihn band

Wildtauben schnellen jetzt weg von der Küste
Mit zitternden Flügeln hinaus übers Meer
Das Pochen der Herzen sinkt tiefer im Rauschen
Der Zeit und schon morgen ist uns
                        als hörten wir es nicht mehr

Klaasbachtal

Ode in Oliv
Die Säulen des Frühlings
Im Gelächter der Kleiber
Und Anemonen
Wie Erinnerung an Schneeflocken
Als sie noch über Dächer gingen
An Fenstern
Die Träume
Wovon?

Das Wasser des Winters sucht
Fließt weg wie Erspartes
Der Tag ist ein Weg
Zwischen Eichen und Buchen
Von gestern
Eine Skulptur
Neben den Pflastersteinen:
Wie eine Krippe gehalten
Von einem Eschenspross
Einer toten Brennnessel
Und dem Respekt der Schneekönigin -
Das Nest einer Grasmücke

Jubel über der Angst
Woher
Fließt immer wieder
Das Wasser ins Licht

Sie und ich

Als ich den Weg hoch kam
Nach der Arbeit
Sah ich sie
Es war still
Eine unentschiedene Sonne
Wenige waren unterwegs
Ich erkannte sie an ihrem Gang
Ihren schlanken Beinen in den dunklen Strümpfen
Es war noch kühl. Sie trug einen Mantel
Etwas kurzes Helles, klassisch
Ein silbriger Ton manchmal im Licht
Mitten auf dem Platz blieb sie stehen
Hinter ihr Berge ferner Wolken
Ihr graziler Hals, als sie den Kopf wandte
Hatte sie mich bemerkt?
Ihr kurzer dunkler Schopf - wie bei Jungen
Ich stellte mir ihren Mund vor, ihre Augen
Ich ging nicht näher
Manchmal machte sie ein paar Schritte
Hierhin und dahin, schaute umher
Worauf wartete sie?

Ich hatte sie immer wieder gesehen
An anderen Plätzen
Sie war nicht oft allein
Meist mit einem Freund
Ich ging nicht näher
Auch wenn sie rief nicht
Galt es denn mir?
So fremd klang es und lief über die Haut

Nie würde sie mich fragen
Nach meiner Nummer oder was ich so mache
Obwohl sie herschaute immer wieder
Sie sah mich wohl schärfer
Lächelte sie?
Was rief sie? Es galt den anderen

Nichts würde ich erfahren von ihrer Geschichte
Nur was ich sah aus der Ferne
So wusste von den anderen
Nicht, wo sie herkam immer wieder
Was hatte sie gesehen?
Was dachte sie etwa
Wenn sie den Kopf zu mir wandte
Und ich ihre Augen nicht sah -
Was machte ihr Angst?
Oder wusste sie etwas, was ich nicht wusste
Weil sie größer war in ihrer Grazie
Ihrer furchtschönen Ferne und ihren Rufen
Einer Welt weit ohne uns?

Das Merkwürdigste waren ihre Hände
Sie würde sie heben
Ich ging nicht näher
Ich konnte sie betrachten
Im wechselnden Licht
Wenn der Winter in den Frühling schwamm
Bis der Herbst brannte vor den Nebeln
Manchmal im Schnee in ihrem kurzen Mantel...

Ich wusste, dass sie da war
Ich freute mich auf sie
In meiner Arbeit
Auf dem Weg nach draußen

Ich träumte von ihren fremden Augen
Ihrem hohen Hals, wenn sie herüberschaute
Oder herumzog mit den anderen
Und rief, was ich nicht verstand

Berühren dürfte ich sie nur
Wenn ich sie fand
Auf einem Feld, einer Wiese, an einem Wasser
Wie sie da lag

Nie sollte das sein

Abend im März

Wie sacht die Wolken ziehen - wie ganz allein mit ihnen
Und atme endlich aus

Der Hügel altes Land im Märzlicht aufgespannt
Im Schatten ruht das Haus

Wie groß die Welten riefen als hinter Grenzen liefen
Die blauen Träume

Wie blass die Fernen heischen, nun, da die Märkte kreischen
Dass man nicht säume

Wie seltsam dieses Singen - des Kranichpaares Schwingen
Gleich neben mir

Weit ziehen sie den Kreis - ich dreh mich mit und weiß
Ich bleibe hier

Neuzeit

Zwischen Windfront und Windfront
- Eismünzen auf dem Weg -
Plötzlich Ruhe
Der Abend
Ein Dreieck der anderen Welt

Wie ein Aufgebot
Die Sentenzen der Singdrossel
Die Eichen auf dem Paläolithikum
Die Trompeten der silbernen Vögel im Bruch

Was stehst du hier
Wo alle gehen
Müssen
Die Nachbarin nach München
Tausend Kilometer
Zum Saubermachen
Die Polen nach Irland
Der Schwager nach Schweden
Nach Deutschland die Ärzte
Aus Tschechien
Wo sind die Iren
Die schwedischen Klempner
Die Ärzte aus Deutschland und
In der Ukraine
Sollte ich nach Österreich
Zum Tischdecken
Auf Englisch

Und die Kinder
Ins Bett bringen
Über display
Hey, hey

Dann wieder das Geräusch
Hagel auf windschütteres Laub
Nur härter

Stille, steigende Wasser

Vor Ostern kamen Frost
Männer und Frauen.
Sie hoben die Feldsteinquader aus den Knochen
In die Kirchhofsmauer. Neu
Mit Rücken. Schichtgerecht
Mit Händen bloß vor sich
Ein halbes Jahr.

Mit den Münzen
An einer Hand
Konnten sie
Heim fahren und
Hierher zurück!

Kein Motorgerät belästigte sie
Mit einer Kraft.
Keine Anstalt machte sie kenntlich
Mit einer Kluft.
Kein Zugang war ihnen verwehrt
Zum sanierten Pfarrhaus
In den Pausen oder wenn nichts mehr
Nasser werden konnte...

(*Dein Tau ist in all meinen Gliedern.*)

Der Aufpasser war nett
Er kam ohne Hund.
Ohne Maschinenpistole.
Er verstand was. Hilflos
Sie hatten eben noch etwas
Zu verlieren. Verlierer.

Die Toten sind ausgelagert worden
Hoch an den Feldrand schon längst
Hinter die Fußballplätze
Nicht mehr zu hören
Hier unten steht zu hoch das Wasser
Um die alte christliche Kirche

Frühes Bild und später

In großen Gruppen kamen Mamas und Papas
Von den Rücksitzen glitten die Ranzen aus den Türen
In den Dunst der Leistung

In einer Gruppe kamen Männer und Frauen
Für eine Münze mit bloßen Händen
Griffen an die Steine

In Grüppchen kamen geschützte Menschen
Aus dem Wohnheim zum Bus
Riefen einander

Schon in der Dämmerung waren die Einzelnen
Geschnallt und geschnellt
Dem Markte entgegen

Immer heller wurde es
Nach der Einführung der neuen Zeit
Am ersten April

Später gab es noch
Gruppen vor laufender Kamera
Mit Bewegungen der Arme und Ärsche

Es gab abgezählte Gruppen
Auf sorgfältigem Grün
In leuchtenden Käfigen

Es gab Gruppen im Sand
Mit teuren Toten warteten sie
Auf ein Ende, das nicht kommen sollte

Die größten Gruppen kamen auf allen Kontinenten
Auf die Pflückfelder des Nordens
Vertrieben die letzten Zweifel

Und dann gab es Gruppen von Damen und Herren
Die hatten einander die Hände gewaschen
Und lauschten gepflegt in die Jagdgründe
Des frühen einundzwanzigsten Jahrhunderts

Faust, Schwedt, Zweiter Teil

Einer hatte mal gesagt, er sei von hier gewesen
Es lag mit Knast und Industrie am Rand der *brüderlichen* Seite
Ich wusste, aus dem Osten bauten sie ein langes Rohr
Ich kannte nicht den Strom und seines Tales wasserreiche Breite

Die Städte waren nach der Deutschen Krieg zerschossen
Und ausgebrannt die Türme überm Fluss
Die Wolken zogen langsam wie das Land durch lange Sommer
Und immer wieder fielen Glocken traurig aus dem alten Guss

Ich lauf wie durch ein Ausland durch das Versäumte meines Lebens
Inzwischen wurde aufgeräumt von einer gut geschminkten Zeit
Noch einen Krieg hatte mein kleines Land verloren
Und hatte sich geschämt - und aufgegeben aus Verlegenheit

Doch als in Schwedt ich dann das FAUST-Plakat gelesen
Und kehre meinen Rücken gegen das Theaterglas
Seh ich vor mir den Plan der Stadt - und etwas
Das wir einst gewesen
Und dann zum Teufel gehen ließen, wie ein unbegriffenes Maß

Rhönfrieden

Ist das vielleicht der Deutschen Mitte
Dies Land an einem gar nicht alten Rand
Nur mild vulkanisch, doch voll sauberer Schnitte
In Fels und Wald für Autobahnen ganz umgarnt?

Ich fand es hinter sieben wehen Bergen
Getrennt davon durch einen kalten Fluss
Im Frühlingslicht lag es wie anvertraut von lieben Zwergen
Die Kirschenbäume blühten endlich nach einem Sonnenkuss

Der Himmel war schon aufgeschlossen
Von längst vergessenen Blumen die langen Hänge hoch
Aus warmen Wiesen, aus süßer Krume waren sie gesprossen

Und alle Blicke gingen in die blaue Ferne
Motoren folgten einig ihnen nach
Über die abgebauten Grenzen - ich glaubt' es gerne

Meisterland

Unter dem Hexenberg

Die Felder des Vorlandes glatt
Wie die Flächen des Fachwerks

Die Bahnen des Asphalts endlos
Wie die Bögen der Andacht

Das Regime der reinen Riesen sauber
Wie die Westen der Schläger

In Reih und Glied

-

Überall dreht sich die Luft
So ruhig ist es
So schnurren die Motoren
So spiegeln die Scheiben
So grünen die Buchen
So sommerlich platzt der April

-

Wie tief ist das Wasser

-

Wie kommen wir rüber

-

Mir graut's vor dir.

April

...das ist das Grün an einem trüben Frühlingstag
Der nichts verspricht
Und überrascht mit einem kurzen Regen
Den wir ganz leicht ertragen

Der uns lebendig macht und weich
Weil ihn die Erde trinkt, ganz ohne Bitten, ohne Fragen
So wie die Augen einer fremden Frau
Die nicht mehr warten wollen

Wenn nun der Zug einfährt in eine frühlingsstaubige kleine Stadt
Mit väterlichem Bahnhofsbau
Von dem die Züge starten, die nur im Kreise gehen

Was jeder weiß und alle fahren mit
Und lassen ihre kleine Stadt ein Leben lang
Im milden Frühlingsregen stehen

Aufschub

Auf kahlem Eschenast
Vor meinem Elternhaus
Sitzt eine Mönchsgrasmücke
Der Sommer schwappt in den April

In dünnen Kleidern nachts
Ziehen junge Birken rum
Und Birnenknospen knallen
Die Luft verspricht was jeder will

Noch alte Eichen stehen
In Gärten Blütenschmuck
Hinunter bis zum Fluss
Fast halt ich fest an ihrer Zahl

Wie drängt hier alles neu
Aus jedem Spross ein Grün
Und blau Erinnerung
Als hätt' ich immer noch die Wahl

Doch wie zum letzten Mal
Zeigen die Gäste sich
In ihrem besten Kleid
Und alles grüßt zur gleichen Zeit

Sogar der Grünspecht lacht
Als wär' es gestern erst
Und Leben nur ein Film
Von allzu viel Verworrenheit

Die Wiesen leuchten satt
Im abendlichen Licht
Kirschblüten wie Kristall
Der Fluss fließt immerzu dahin

Die Jahre sind der Fluss
Der sich gewandelt hat
Der sich erinnert noch
An einen, der ich nicht mehr bin

Was hält mich wie gebannt
An dieser kleinen Stadt
Am Blick ins alte Tal
Die Ufer stehen kleinbürgerlich

War denn die Welt zu klein
Die Wut zu klein, der Hass
Und Liebe viel zu klein
Oder doch viel zu groß für mich?

-

Das Morgenrot ist kalt
Wie warm die Amsel singt
Noch leer sind alle Plätze
Noch einmal darf hier Frühling wachsen

Erst nächstens eingespart
Ein kleiner Aufschub noch
Bis alles Sommer brüllt
Mach ich noch Verse, später Faxen...

Nachtrag

Mein Vater lag in der Besenkammer
Als ich zu ihm gelassen wurde
Offen der Mund hohl
Im steinernen Schlaf

Es war eine Gnade
Dass noch so lange er auf mich warten durfte
Wir in der lächerlichsten notwendigen
Verkleidung der Kunststoff
Sollte schützen das kleine Krankenhaus
Seiner Stadt

Die Herren des Geldes sie sparen -
Sie paaren mit sparsamen Damen hygienisch
Da kommt keiner ran
Auf Messeständern und käuflichen Sendern
In hübschen pharmazeutischen Ländern -
Am kleinen Mann

Wie freuen sich Bakterien an schmutzigen Serien
Und saubere Firmen am Deal
Am schlanken Profil
(...)

Gespitzt von der Sepsis das Gesicht
Meines Vaters
Des alten Arztes in seiner Stadt
Nichts würde wissen am Klinikum
Der Chefarzt
Von großen Hauses billigem Tod

Entlassung

1

Die schwarzen Vögel
Wohnten in Weißenfels noch immer
Jetzt
In den Ruinen an der Saale

GLORIA
Verbretterte Kinokasse
Wie ein Stellwerk der Moderne
Zeigte nichts mehr

TOTAL in den leeren Quartieren
Floss nur der Treibstoff noch
Vor den toten Augen
Des alten Jahrhunderts

Das neue gerettet
In der Oberstadt Grün
Als die Proleten gingen
Der Nachmittag diesig

Das war richtig Sonntag im Osten
Wenn ein Hund
Hinter einem Mann
In einer Anlage verschwindet

Ohne die Posten der Pappeln
Hing die Kaserne
Im neuen Zaumzeug
Putzblank wie alles
Auf der grünen Wiese

Den Rest hielten
Die Kleingärten
Die Saalesonne
So irgendwie

Schütz hatte eine *Oase*
Seume ein Plakat
Und Hardenberg -
Hatte ich sein gelassen nachts
Auf dem endlosen Flur

Ein Orchester packte aus oder ein
Auf dem Markt
Requiem oder Hymne
Alles war drin

Hatte ich gedacht
Zum letzten Mal
Auf der Brücke
Zum Bahnhof
Ins Leben
Zurück

2

Diesmal brüllte mich keiner in die Stiefel
Diesmal rammte mich ein älterer Audi
Ein Vietnamese sagte:
Verzeihung bitte, nur kleiner Kratzer
Und gab mir die Hand

Zugriff

1

Ach, Mühlenberg -
Ade, du schlichter Hügel
Seit ich dich kannte, trugst du einfach Gras
Im Frühjahr kleine Blüten, kurzes Kraut
Im Sommer Rainfarn, zweimal im Jahr
Schnitt dich ein Mähbalken auf gutes Maß

Braunkehlchen zogen ihre Brut in hohen Halmen
Den Abend hielt wie eine Uhr der Wachtelschlag
Die Wiese überm Dorf gehörte allen
Wir rollten jauchzend hanghinab am ersten Tag

Doch wenn die Angst mir sperrte der Menschen Ort
Wenn ich so klein war, dass die Häuser starrten
Stieß ich zum Berg die Tür auf - konnte fort
Und freien Pfaden folgend auf Beruhigung warten

Und wenn im Sommer hoch die Nachmittage fahren
Am Himmel hin ins abendliche Meer
Der Horizonte − in allen Jahren
Kamen wir immer atemlos hierher

Wo einst die Ostseewinde Mühlenflügel trieben -
Der Blick ins Land wie von dem Dach der kleinen Welt
Die fernen Wälder, die Kirchen und Chausseen, die blieben
Als in der großen Welt nichts blieb als - Geld

Manchmal im Sommer saß ich da und sah nach Norden
Und war ein Kind und vor mir das gelobte Land
Es waren Felder nur, ein Weg nach anderen Orten
Und eine Wiesenlinie, die mich an sich band
-

Vor ein paar Tagen plötzlich Fakten
Statt Lerchenlied rieselte ein leises Gift
Statt grünem Wachsen graues Welken
Bis Traktoreisen jäh die Wiese packten

Ein wieder kalter Wind trieb Staub ins Dorf
Wir standen hilflos an des Hügels Saum
Ein harter Rand entstand. Die Wirtschaft wies:
„Wirst sechzehn Jahre jetzt, musst Geld verdienen!"

2

Vor dem Vollmond vor Ostern am späten Nachmittag
Schwebte eine Rohrweihe tief über den Nordhang des Mühlenberges
Mit solch tanzender Langsamkeit
Als sage sie jedem der noch gar nicht so zahlreichen neuen Grashalme
Willkommen

Es war aber
Ein Abschied

Reigen

Mai. Das Licht im Chlorophyll
Das Lachen des Löwenzahns
Die Schatten unter den Linden
Um zwei eine Glocke
Eine alte Frau
Fast ein Jahrhundert
Schwarz und still die Menschen
Poliert eine Wagenburg
Himmel
Der Schwall der Apfelblüten
Bienen in den Bäumen
(noch)
Vögel in der Luft:
Eine Wiese wird Feld
...

Noch eine Wiese
Bellen die Börsen
Noch

eine **Noch eine Noch EINE**
Letzte Wiese

Um drei eine Glocke
Schwarz und still die Menschen
Der Schulbus kommt
Mein Maikind

Heiligendamm I

In der Stille des Mittags der Birnenbaum
Im hundertsten Hochzeitskleid
So makellos von Frieden ein Traum
Doch dahinter der Mond weiß die Zeit:

Des Landes Vasallenstaat liegt schief
Auf postmodernen Matratzen
Er wird sich, wenn die Wiesen blühen
Bei Kriegsverbrechern einkratzen

Frenetisch klatschen die Nagelstudios
Bombastische Auftragslage
Die staatsbürgerliche Aktivität
Tritt in der Quizshow zutage

Im Stillstand schwingen Einkaufstaschen
Designerkartonagen
Die Damen schwanzwedeln im Luxushafen
Und schlafen für Pennies mit Pagen

Der Adel baut höchste Sicherheitszäune
Um klassische Aquarien
Die großen Fische schwimmen im Dunkel
Im Schatten der letzten Bäume

Vier Menschen stehen auf Erden herum
Um einen seltsamen Platz
Zwei dürfen Herren dann Schätze bergen
Die anderen bleiben Ersatz

So schöne Spiele hat man erdacht
Das Volk bei Laune zu halten
Ganz unbegreiflich fehlt manchem die Lust -
Dann kann man auch anders walten

Die Baumblüte braucht nur halb so viel Zeit
Im Weltmeisterland im April
Nur im Nordosten ist es noch kühl:
Altlasten, wenn man so will

Das wird sich ändern, man steht schon bereit
Für die Heckenrosenblüte
Geplant sind die Lager, erfasst die Neinsager
Erprobt die Hundekottüte

Und für die Wasser der östlichen See
Nahet ein Schiff schwer von Westen
Randvoll beladen mit Zirkusgerät
Im heiligen Schein wird man's testen

Kennst du die Müdigkeit des Frühlings...

Kennst du die Müdigkeit des Frühlings
Als wäre längst ein langer Sommer hier
Die Amseln flöten in den Abend
Die Menschen trinken Sonntagsbier

Nicht weit wo ihre lauten Wege irren
Schweigt mit dem Licht ein großer See
Der erste Kuckuck ruft die Schwalben schwirren
Und aus den Wiesen klingt ein leises Weh

Ein grünes Jahr wird wieder neu geboren
Und ein paar Wolken schauen alles an
Bald steht es auf geht fort und - geht verloren
Und aus der Ferne heißt es: irgendwann

Bei den Brunnen

Spiegel, Spiegel, so liegt ihr im Land
(Das Autobahnband weit fort)
Rauchglasige Luft, zittriges Grün
Ein Mühen der Mai, wie aus Nord
Ein Halt

Feinnerviger Ort – im vergangenen Jahr
Fand ich dich - in einem Riss
Der zwittrigen Zeit, ich fand deinen Namen
Bevor die Kastanien zerbiss
Der Staub

Spiegel, Spiegel, wie im Traum nur zieht
Ein Schwimmvogelpaar seine Bahn
Die kleinen Kreise im großen Kreis
Ich weiß – sie sind nicht vertan
Und doch -

Sonst würde ich gehen

Die Gewänder der Wälder
Die Farben der Felder
Die Linien der Lüfte -
Sonst würde ich gehen

Die Heiterkeit der Wolke
Allein ein Stück wagen
Land weit sehen
Wenigstens einmal

Die Schleifen der Schwalben
Für den Unterhalt nur
Sie geben nicht auf
In der kühleren Luft

Herrentag

(Heiligendamm III)

Im Westwind schnarrt der Mai
Wie die Frösche in der Gerste
Auf und ab
Wie der Penis des Bürgertums
Die Nachrichten loben die Banken:
Darlehen für's Klima en vogue
Das muss man erst einmal können
Ohne rot zu werden!
Der Pfarrer im Radio malt Pflasterchen
Softeis und -pop heißen Himmel
Für die bessere Hörerschaft
Und endlich wird uns die Freiheit
Die Kinder von der Straße zu nehmen
Die Schule fallen zu lassen
Den Zaun zu meiden
Den Anblick
Der Kriegsverbrecher
Mit der Hand in der Tasche
Am Penis des Bürgertums
Auf dem Teppich der Herrin
Im Hause der Lügen

Kaltzeit

Die Menschen warten frierend, dass es Frühling werde
Ist es schon wieder Pusteblumenzeit?
Der Weißdorn blüht, es speist die alte Erde –
Mit einem Zögern – doch noch einmal Lebendigkeit

Und Wolken fahren lautlos durch den Abend
Wie große Schiffe dunkel und aus West
Was wohl geschieht – da draußen überm Wellenstaub?
Was wohl geschieht - hier drinnen unterm Lindenlaub?

Inzwischen meint das Meinungsblatt so weiter
Und pfeift dem Volk Fußbälle um den Kopf
Wer arm ist, hat bald weniger im Topf
Und auch die Börsenkurse sind recht heiter

Die Deutschen haben einen Bären gesehen
Erschießen! schreien's, allein - das Tier ist weg!
Man kann als Bär nicht über eine Grenze gehen
Wenn keinen Kredit man hat und nur erschreckt

Das Tier muss eine Luft gewittert haben
Die rein ist wie zuletzt um's Jahre dreißig
Zehntausend Uniformen schützen fleißig
Feixende Märsche satter brauner Narben

Freifrau Justitia hat in deutschen Landen
Für Deutschenfäuste ein Deutschmutterherz
Wo immer ihre Rangen einen Mohren fanden
Ersparte sie den Groben groben Schmerz

Es drischt sich gut in Nachgeschäftsschlussstraßen
Karossen sind einheitlich eingeparkt
Fassaden staubfrei und erklärtermaßen
Ist das Regierungsviertel glatt geharkt

So bleibt nicht viel als Opfer aufzulesen
Im Leitartikel sie zu Geld zu machen
Wer Angst hat, packe seine Siebensachen
Wer arm ist, packe einen Straßenbesen

-

Und wieder gehen kalte Regen nieder
Und Flüsse reißen mit, was ohne Halt
Kommen die Schwalben wohl noch einmal wieder?
Werden wir unter unseren Bäumen alt?

-

Im Hof der Flieder riecht wie Frauenhaar
Er hat hier Kinder kommen sehen und gehen
Er hat erlebt das Ernten und das neue Säen
Am Abend hält das Amsellied das Jahr
Und morgen muss ich für den Winter mähen

Vorpommern. Mai

Das Land war gelb wo es nicht grün war
Und hinter Häusern häufte sich das Holz
In kleinen Städten konnt' man Schürzen kaufen
Seltsame Zeit. Still floss der Fluss nach Osten

Siedlungen standen in dem flachen Lande
Und meistens wachte über sie ein Hund
Auch Katzen lagen manchmal vor den Türen
Ein Auto kam gelegentlich vorbei

Am Wasser waren aufgeräumt die Häfen
Speicher und Krane hatten neuen Lack
Anderthalb Mensch fiel auf im Areale
Auf Ankunft wartete das frisch geschnittene Gras

Pouch/Bitterfeld

Schwarz unter der Maisonne
Der rote Turm

Über den neuen Wassern
In den Becken des Mondes
Von der anderen Seite der Zeit
Zurück kommt
Die alte Heide

Keine Kohle fällt mehr
Auf die Köpfe der Leute

Was dann

Die Schornsteine schweben
Im Dunst der Ferne
Zählbar
Nicht mehr
Prometheus' neue Steine

Schwarz unter der Sonne
Arbeit

Potsdam II

Ich suchte eine klassische Terrasse
Und fand nur Wirklichkeit im Staub der Stadt
Schwer lag der Stein in Preußens großem Garten
Selbst die Kastanienkerzen schienen matt

Japanisch rosa blühten Straßenbäume
Vor jedem zweiten Haus trank man Kaffee
Man sprach gelassen-müd von zuviel Montag
Nur untergründig tat das Leben weh

Ich irrte arbeitslos durch Friedrichs Garten
Sämtliche Hecken standen in Habacht
Die Menschen waren zumeist beschäftigt
Zuviel der Pracht schien nur für mich gemacht

Ich suchte diese klassische Terrasse
Sie war ein Licht nur, wie ein Bild im Traum
Weshalb war sie so wichtig mir im Leben?
Begann das Leben an des Traumes Saum - ?

Sie lag in einer Mitte blau im Lande
Und östlich weit ein heller Horizont
Laubschatten bargen urvertraute Räume
Schön war ihr Stein von Abendlicht besonnt

-

Kann sein, ich fand sie noch zu späterer Stunde
Maivögel sangen plötzlich viel zu laut
Gleichgültig haben Bäume weggeschaut
Ich sagte wohl: Was soll's? Mit trockenem Munde

Nachgetragene Frage

Wohin nur führen alle diese Straßen
An einem Nachmittag Berlin
Vorbei an Staub und staubigen Platanen
An Kellerfenstern und an Straßenbahnen
An Dingen angesammelt und an Dingen schick vergammelt
An Treppenschächten und an Zeitungsblasen
An allen Kaffee schenkenden Oasen
An offenen Lippen und an Augen lässig (angespannt)
An kriegszerschossenen Wänden hinter mancher teuren Wand
An Toren hin zu bunt behausten Höfen
An Zungen fremd, an Nasen aus dem einen und dem anderen Land
An Haaren aus der Mähne eines Löwen

An einem grünen Streifen Blut am Rost am Stein
An gut gesalbten Siegerhänden
An einem fabulösen Volk der fünfundzwanzigjährigen Frauen
Manchmal an Kindern, sehnsuchtsblauen

An nackten Männern auf Balkonen, die wie Knospen an den Häusern hängen
An erstem Regen auf das Gras im Pflaster, unsichtbaren Antennen
An noch mehr Kaffee, Kaffee im Waschsalon, Kaffee, der laufen kann
An einem *Headshop* – eine Frau schwingt einen Föhn wie einen Colt vor einem Mann...

Und wahrlich noch an hohen Ziegelwänden mit festen Mauerhaken
An Männerpaaren, schlanken Händen
An Bässen, die aus einer Bar in einen lauen Abend blaken

Und dann – an einem Platz mit Bäumen
Und noch immer einem Rund aus Sand
...und großen Augen... und in meiner eine kleine Hand   -

Wohin nur führen alle diese Straßen In wie viel Leben, wie viel Tod In wie viel unbekanntes Gleiches In wie viel Anderes Wie viele andere Berliner Tage Und wie viel Antwort heischt die Frage Und keine Antwort - ?

Kurzer Prenzlauer Berg des Propheten

Noch kein Haus da - einfach draußen chatten!
(Ecke Torstraße/Burgstraße)

Die Industrie sitzt auf der Straße
Schenkt Kaffee aus und ein
Lebt mit immer neuer Nase
Nicht vom Brot allein

Das ganze Land wird nunmehr Szene
Zumeist mit spitzen Nasen
Natürlich gibt es auch Mäzene
Was wir fast vergaßen

Die Stadt ist aufgekauft.
(Ecke Schönhauser/Fehrbelliner)

Sonett

Weißlicht
Schwergeist
Rosenregen
Trink Jasmin

Graszeit
Wiesenschaum
Blaulieb
Weiches Grün

Warten
Wachen nur
Heller wird das Haar

Innen
Traumesflur
Orte unnennbar

Kleiner Hamlet

(Heiligendamm IV)

In den Wiesen des Morgens
In den Wäldern des Regens
In den schwarzen Pfützen
Wartet
Zehntausendfach
Die Mehrheit:
Die Polizei
Auf das Gruppenbild
Der wertvollen Herren mit Dame

Auf die marodierenden Massen
Die Mahre des Meineigentums

Die Medien saufen sich dusselig
An der Wunde

Die Menschen wie immer
Halbe   Halbe
Und haben zu tun

Einige wissen eigentlich -
Und haben Kinder, Krisen
Zu essen

Go Home, you Masters of War
And Take your Bloddy Lies and Fences!

Heißt der Tag-
Traum rot
Auf weißem Tuch

Dreißig Kilometer
An einem Samstag
Vielleicht Kontrollen - Kleiner
Hamlet - was ist los

Schließlich auf Erden

Viel faules Grün fand schließlich sich auf Erden -
Die Vorsitzenden aber beschauten die Herden
Und ließen verteilen Vehikel
Für die *Verbraucher*, die
Volte der Schröpfung

Auch ich
Um den Vers zu finden
Fasste ans Lenkrad
Auf diesem Spielplatz

Am Rande, da
Saßen die Mütter
Nicht

Und waren
Halb Sonne
Halb Mond

(Sommer)

Fünf Sekunden

(Heiligendamm V)

Sonne liegt auf dem Heu
Nur ein Lüftchen lugt drunter
Täglich blüht etwas neu
Färbt die Oasen noch bunter

Warmes Wachsen im Beet
Reich auf der Fülle der Felder
Ein Augenblick vergeht: Ein Kind -
Ein Kind wird nicht älter!
-
Erdbeeren reifen rot
Rot wie der Teppich der Lüge
Süß wie der Suff der Bezüge
Schwarz wie das trockene Blut Tod

Jungvögel rufen um mich her
Für Tage gehört ihnen der Garten
Vielleicht wird der Sommer auf sie warten
Der Herbst sie geleiten ans Meer

Vier Kinder halten mich fest
Und die bunten Köpfe vorm Gitter
Zerlachend den gepanzerten Flitter
Das sahen die Leute. Der Rest
-
Und wieder dreht sich ein Jahr
Scheu an der Sonne vorbei
Blau wie ein Singdrosselei
Fein noch der Riss, wie ein Haar

Aufgabe

Zuschauen was wird
Aus den groben Gruben
Am Horizont des Ostens wie ein Gemälde
Von Rauch
Rein über den Kühltürmen
Kiefern der Heide
Neuen Wassern
Über der weggeräumten Kohle
Jahrzehnte geworfen gegen die Kälte des Krieges
Im Frieden der Heizungen meiner Kindheit
Kollektiver Räume
Satt zu essen und Hunger nach den blauen Säumen des Sommers
Und hatten zu tun
Unter dem Ruß der Himmel und Häuser

Zuschauen was wird
Und über den Sand laufen
Den vielfarbigen Sand und die Flechten
Kraut der Heide und hartes Gras
Kühl im trockenen Tag fahren die Wellen
Und nur die Wellen
Über den See. Möwen und Wolken -
Die Schlote sind weiter gewandert
Auf die andere Seite
Des doppelten Kontinents
Der Krebs
Baut dort eine Hauptstadt aus dem Schmutz
Des schönen Scheins und der Schande
Aus dem Chi zu fallen

Zuschauen was wird

Ach, Prometheus!

Zu viele kahle Eschenäste spießen durch das Laub
Als hing der frühe Sommer an einer kalten Gabel
Zu lang schon bläst ein trockener Wind das Gras zu Staub
Vom Mai das Grün - am Mittag liegt es matt
Und atmet noch durch einen dünnen Schnabel

Des Winters Wasser trag ich aus tiefen Brunnen in den Garten
Und stille meinen Durst an eines Blütenbilds Oase
Und hör das Brummen der schwarzen Fliegen die wie Geier warten
Auf einen Kontinent - die dunklen Scherben einer Vase

Von wo der Wind kommt, einem anderen Kontinent, im Osten
Seh ich auf teuren Bildern einen ausgeleerten Fluss
Gelb war der Fluss, weiß hitzt der Judaskuss:
„Will nicht die Morgensonne einmal von der Abendsonne kosten?"

Die sinkt noch immer wohl in eine blaue Nacht
Doch das ist nur der Schein von einem großen Meer
Von einem Zufall. Von einem Glück
Noch gibt die Nacht uns Schlaf Erquickung von weit her

Die höchsten Tiere aber gehorchen einer falschen Macht
Als Spiel um kleine sammelbare Sonnen von ihnen ausgedacht
Und gegen Blut - und kein Zurück

Wittenberg

Am trockenen Rand der Länder
Vor dem Flämingsand
Die Füße im Fluss
Schafe auf den Schultern der Wiesen
Oder aufgetaucht wie ein Boot
Unter den grauen Augen des Doppelturms
Jahrhundert für Jahrhundert
Wanderten die fünfundneunzig Pfeile
Durch das Tor der Fürsten
Und wirkten in der Welt

Stiftungen standen frisch verfugt
Im Brennofen Juni
Die Namen wie heiße Magneten
Ein Stetson schob sich als erster
Aus dem Augusteum
(Das Haus der Brüder hatte sich geleert zum Besitz des Bürgers Theologe)
An den Kreuzungen dröhnten die Klimaanlagen
Über die Gehwege - niemand ging
Nur America - going Luther & Co. –

Arbeit. Es sah so aus
Die Linden blühten gegen den Schweiß
Wie frische Wäsche
Der Putz gleißte
Die Goldkugeln auf der Schule aus hundert Wassern
Die Silberröhren über der Chemie des erstickten Jahrhunderts
Die Kunst in der Mitte
Der Stadt
Ohne viel Schatten hielt sie die Fragen vor mich hin
Dass ich wusste

Mauersegler sirrten durch die Flächen
Zwischen den weißen Wänden der Geschichte

In der Höhe
Kühl und klar wie die Kindheit
Die grauen Augen
St. Marien
Immer wieder
Wie viel Angst musste man haben
Um mutig zu sein
Wie viel Macht
Um Angst zu haben
Vor Gottes Gnade

Frauen am Fluss

Eichen stehen in dunkelgrünem Kleide
Am Rande der Wiesen und sehen zum Fluss
Sie schauen ihren Schwestern zu, den Weiden
Im Tanze mit den Wolken, der Elbe, der Luft

Der Tanz ist wasseralt wie weniges auf Erden
Wohnt in des jungen Stromes großer Wanderung
Am blauen Tag teilt er des Himmels weiche Herden
Und ruht nur aus in Bildern der Bewunderung

Am Rande der Wiesen stehen die hohen Frauen
Der Wunsch des Sommers schmückt im Herbst ihr Haar
Den Schwestern reicht er das Silber am Ufer der Auen
Doch ihnen das dunklere Gold zu leuchten im schneeigen Jahr

Pause

Die Gerste wird gelb
Der Wind verteilt Samen
Die Sonne schickt hündische Hitze
Waldschatten köstlich
Wie die Wellen im Teich
Der alte Weg treu wie `ne Mütze

Viel will man nicht wollen
An solch einem Tag
Das Leben ist größer als Träume
So schnell wächst das Gras
So stark wie der Staub
Und schön sind die Bilder der Bäume

Bei Tempzin

Land
Sand
Libellenspiele wie
Jeder Sommer der letzte

Und auf nichts
Wartet
Das Bild vom See mit der ganzen Welt dahinter
Dass ich nicht davon loskomme

Luftpost

Schiffe fahren wieder über das Land

Auf einer Grenze zum Irgendwo

Gräser winken

Senden sich selbst wohin

Der Sommer beginnt

Auf einem alten Weg

Lerchen singen davon dass nichts zu Ende ist

Raben wissen es besser

Ich suche noch immer

Nach einem Punkt

Lange nach dem letzten

Siehst du die Schiffe

Worte

Unaufhaltbar

Nänie

Im trockenen Park an der Grenze entlang
In zweihundert Jahr alten Räumen
Mal diesseits, mal jenseits, der Menschen scheu
Auf Wiesen am Flüsschen duftet das Heu
Und Schatten stehen schön unter Bäumen

Das Flüsschen ist trüb noch von all jenen Jahren
Ich schaue hinab von der Brücke
Kleine Fische sehe ich nach Nahrung anstehen
Zwischen Ländern sehe ich Menschen hergehen
Es ist Sonntag, die christliche Lücke

Wie bist du nur müde, mein seltsames Herz
Wie sehnsuchtsverstaubt deine Pfade
Wie ließest du gehen, was dich suchte und hielt
Wie suchtest du, was sich dir nimmer empfiehlt
Und sagtest nur *danke, schade* -

Weit geht der Blick durch das schöne Gehege
Die Parks dieser Welt - eine Mauer
Halblebenslang den Freunden enteilt
Halblebenslang keine Seele geteilt
Sitzt du blöde in der Haft deiner Trauer!

Tag und Nacht

Der Junitag
eine alte Zeitung
Dachbodenluft Autobahn
beidseitig kreisen
Räder Buchstaben
der immer gleichen
Sätze Bewegung
des immer gleichen
Hockens hinter den globalen Scheiben:
Mutierte Zugvögel
der Rhythmus
übergeschnappt

Im Stillstand Dämmerung
das Flusstal
im Samennebel
(Menschen und Hunde auf Beinen)

Nachts die bierbunten Bilder
Brei ballbrüllend
Betäubung

Mittsommernacht

Die Junirast liegt dunkel in den Wiesen
Noch viel zu laut ruft leis es aus dem hohen Gras
Geräuschlos rot versinkt das Licht im Abend
Es springt am Hügel grün noch einmal auf -
Als ob es was vergaß

Die Menschen starren auf die blauen Schirme
Und auf den Straßen trinken sie die trockene Nacht
Die großen Städte hängen zwischen zwei Zahlen
Und werden in der Luft zu Geld gemacht

Und morgen wird es geben vor einem alten Bild
Kostüme wird man kaufen (was wohl die Schmerzen stillt)
Und Feste werden fallen auf jeden anderen Tag
Ein grauer Narr wird lallen: *Glaubt bloß nicht, was ich sag!*

Und wieder brüllt der Sommer vor Lachen und vor Pein
Auf schwarzem Spiegel schreibt sich rosa Schrift
Bei so viel Lächeln braucht es buntes Gift
Zu viel steht auf dem Spiel. Es kann nichts anders sein

-

Im Hof im Dämmerlicht blüht altweiß der Holunder
Und kleine Tiere sitzen still und starr im Nest
Schon reißt der Marder falschen Trost herunter
Und hält mit scharfem Schrei den Flüchtling fest

Dann ist es wieder still. Nur ferne fahren Straßen
Wie weit von hier scheint eine neue Welt -
Die wilde Wiese träumt vom Mittelklasserasen
Ein schmaler Mond hat Licht im Katalog bestellt

Und doch: MITTSOMMERNACHT - wie groß ist diese Stille
Wie leise könnt' jetzt sein der Liebsten Wort
Die Flasche ließ ich los - der Scherben Fülle
Jagte die Angst, die Angst und alle Mörder fort!

Mattheuers Landschaften

In L. ging der Mond auf
Gleich im ersten Raum
Und der *Sommertraum* war das Heiligste. Du
FAZke: Hattest du keine
Kindheit
Zu retten gegen die Tagesbefehle?
Doch diese
Liebespaare und Männer in Mänteln
Brücken Pisten und Häuserkartons und
Diese
Ersten und zweiten und dritten
Reihen der Hügel der Wälder
Im Abend im Schlafe der Nacht
Und diese möglichen Himmel des Herbstes
Blau, nur blau
Und schartig im Trott die toten Flüsse
In den Gesichtern -
Aus MEINEM LAND nur
Konnten sie zeigen
1977 als es anfing
Zu Ende zu sein
Früher später
Hab ich es gefühlt
(Genau unter dem Knebel)
Und behalten wie die ungekannten Väter
Als so ein Licht

Leipzig Nordwest

Der Sommer vertrocknet in Regenpausen
Von langer Hand
Ausgerechnet die *Kirschbergstraße*
Geschleift von der Zeit
Nachträglich bauzaunverhauen!
Noch immer die paar Schritte von der S-Bahn
Noch immer als Zaungast der Dinge des Westens
Nur die Gitarren hielten uns
Hey, Alter, zusammen
Für eine Weile

Grandioser Schlaf in der *Olbrichstraße*
Sonntag in den Ruinen
Oder das Militär im Denkmal
Ordnung in sonnigen Steinen
(Die Kunst der Fugen)
Auch ich beeindruckt
Von den Bildern der deutschen Seele
Aber was fällt mir ein:
Boxzirkus im Ersten
Osteuropäer als schwarzrotgoldene Gladiatoren
Nach der Pfeife amerikanischer Affen?
Einpeitschen durfte `ne Band
Wollt ihr die totale Zurichtung
Oder auf die Ohren
Geschlagen war mir die Stimme
Des christlichen Generalsekretärs?

Dann hingen wir in den Segeln
Jeder irgendwo
Oder umgestiegen
Zu deinem Vater führte kein Weg vorbei
An was?
Dabei roch die Philosophie noch
Wie Brot. Oder ein Bild davon. Oder wie
Immerhin roter Wein
Auf's Bier war ich gekommen

-

Die neue Mitte hält
Den neuen Putz
Auf den Mauern des Westens
(Oder umgekehrt?)

Die Kleider der Dinge
Halten die Leute bei offenem Mund
Nichts bisher ist stärker

Nur das Wasser

Der große Gesang des Sommers

…beginnt auf der Brücke über die Elbe
Von der mitteldeutschen Industrie auf dem Acker
Zum preußischen Sand
Vor dem Himmel im Norden und Wolken auf dem Weg nach Warschau

Der Große Gesang des Sommers
Ist Van Morrison, der in den Fahrtwind brüllt
Und der rote Mohn, der von den Feldern schreit
Immer gerichtet von den Falschen

Der Große Gesang des Sommers
Ist im Clinch mit dem grünen Blick Endlichkeit
Der alles kostbar macht und alles eitel

Der Große Gesang des Sommers
Ist das scharfe Schnarren der Stare in den unreifen Kirschen
Und der Schlaf der trockenen Scheunen

Der Große Gesang des Sommers
Ist in den Platanen auf dem Kirchhof von Groß Ziethen
In Erwartung eines Geräusches wie Regen

Der Große Gesang des Sommers
Ist das Leuchten einer einzelnen Kornblume
Im Schatten des reifenden Roggens
Und das Wiehern des Grünspechts an den Wiesen zum Luch

Der Große Gesang des Sommers
Ist der Gedanke an Weggehen
An ein Fahren durch Minnesota und die einfachen Lippen
Einer Frau in einem blauen Kleid

Der Große Gesang des Sommers
Ist der Gedanke an Bleiben -
Im Versuch deiner Hände
Im warmen Wunsch deiner Haut

Der Große Gesang des Sommers
Ist das schlafkleine Tapsen der Kinder
Auf den kühlen Fliesen des Morgens

Der Große Gesang des Sommers
Endet erst
Einmal

Libanon

An einem Dienstag
Nach dem Waffenstillstand
Regen bis Potsdam
Alle sind Sieger
Zerfetzte
Kinderzimmer (second most relevant targets)
Die kleinen Toten
Tausendfach
Zumeist zweite Wahl
Nichts Auserwähltes
Fußnoten
Im sachlichen Müll der Berichte
Ohne Geschichte
Das Publikum
Auf dem Laufrad
Von allen Seiten
Futter Dreck
Fest krallen
Die Knochen
Um die Stäbe
Peinlich poliertes Metall
Teuer
Wie die Raketen

Lehrstücke

1

Zivilcourage!
Geifert und grellt durch die Hornbrille
Den Geruch unter den Sonntag zu kehren
Unter die Stiefel einer halben HUNDERTSCHAFT
SCHLÄGER brüllen deutsch brüllen die Angst
Aus den Lippen Blut
Augen und Köpfen dreschen
Die Stadt starr
In den sanftesten Hügeln fruchtbarster Böden
Meiner Heimat
Herz im Hals
Rennen Menschen
Feixen Fressen
Fehlt die arme Polizei

2

Der Schüler China
Muss noch lernen
MENSCHENRECHTE. Auf Deutsch
Doziert die Kanzlerin
Zu Gast beim Schüler

Variation zu Kastner

Irgendwann kommt die Flut
Für alle. Immer wieder
Meist ist es dunkel
Zuvor ist da diese Ebene
Makellos
In einem Licht wie abends
Die Schatten bilden die Landschaft
Alle sind unterwegs
Zwanghaft wie
Auf freiem Feld. Keiner
So groß wie der andere
Doch ähnlich die Vielen
Fast gleich die meisten
Sehr klein...wie geschnitten
Einige wie Türme
In anderen Sphären
Der Rest dazwischen
Athletisch
Gladiatorisch
Sehr eng. Ständig blitzt letztes Licht
Schön zwischen den Körpern
Schattenfeld für die Unteren

Alle halten kleine runde Bürsten
An Stielen vors Gesicht
Rechnen
Vor allem die Kürzeren
Auch an den Schäften der Turmhohen
Auf den Schultern der Athleten
Am Gürtel der Gladiatoren

Hängen sie mit Hoffnung
Machen sich nützlich
Putzen alles glatt
Gefährlich
In diesem Licht
Auf den Mauern
Weit weg
Rot und schwarz
Wie auf dem Theater
Klassisches Weiß -
Ein alter Traum. Reste...

Jeder rechnet jetzt
Im Augenblick kann sie kommen
Hier aus dem Boden
Edelstahl. Glas. Oben Auslegware
Fast geräuschlos
Gegen die Gefahr -
Aber wie hoch heute?
Rechnen. Immer rechnen
Und putzen -

Dann kommt sie und
Dann kommt die Flut
Räumt die Stoppeln ab
Mit gewöhnlichen Wellen
Wäscht die Schäfte der Türme
Auch etwas dazwischen...

Wenn sie geht
Treiben Scharen silbriger Bürsten
Im Brackwasser vor der Barriere
Wie kleine Fische

Deja Vu

Am Ende des Grenzstreifens
Ecke Bernauer/Zinnowitzer
Schien durch das Dach ein diesiger Himmel
In die WERKSTÄTTEN DER STAATSTHEATER
Die Wände standen noch in jenem gemütlichen Grau
Das ich vergessen hatte
Die schönen Fenster geerbt
Und gegerbt von den Leichen der Zeit
Die Sprossen
Wie Gitter

Wo eigentlich ist
Das neue Gebäude?

Postkarte

Schwalben über den Wiesen hoch in unseren Hügeln
Eschen stehen noch immer um einen verschwundenen Hof
Tage tintiger Wolken zausen den Wagen des Sommers
Regen rennt hinter Regen im Getreide umher

Kurze Besuche der Sonne, schwer atmet das Licht
Falter trinken das Wasser, Vögel trocknen das Blatt
Doch dann brechen die Wetter aus einer westlichen Wand
Ich gehe und schließe die Fenster - schon klopft es ans Dach

Am Ausgang

(...) In Dörfern stehen Schubkarren
Säuberungsallerlei
Grüppchen Männer und Frauen
Nicht mehr bezahlt
Für ihre Arbeit - für ihre Not
Nur noch

Lautlos vergeht am Vormittag die Zeit

Von den Feldern verschwindet der Sommer
Nass geworden
Wie die Wahlplakate
Ein Abwinken

Dunkler Tag auf den Steinen des Schlosses
Erinnerung an Erinnerung an
Tudor in Mecklenburg
Die große Ruine der Zeit
Östlich der Elbe
Noch begehbar die Terrasse
Der schöne Blick in die Wiesen zum See

Groß sind die Gehölze
Geworden
Ein Rahmen

Grund Ordnung

Dann hängten sie wieder paar Pappen raus
Mit Sprüchen und Gesichtern
Von zweien machte einer am Sonntag sein Kreuz
Nicht mehr, besieht man es nüchtern

Im Schloss hielt man später die Türen kurz auf
Paar Schläger noch ließ man zu Tisch
In eine Frau hatte der eine erst kürzlich getreten
Auf dem Pflaster wie in wertlosen Fisch

Sie hatte *ein paar in die Fresse* bekommen
War nicht seiner Meinung gewesen
Das Verfassungsgericht entschied: Weitermachen!
Tolerant nur kann Deutschland genesen

Am Montag schrieben die Schreiber*:* Oh weh!
Das Volk hat verloren *Vertrauen*
Und dann ist da auch noch diese Partei -
Das wird uns den *Standort* versauen!

Schuld, sangen im Chor sie, sei das östliche Volk
Demokratischer müsse es werden
Es müsse mehr kaufen, *dynamischer* raufen
Um die sonnigen Plätze auf Erden

Auf Erden werde die *Zukunft* gemacht
So müsse im Lande man stramm stehen
Den *Leistungsträgern* mit Freude dienen
Und abends drei Stunden fernsehen

Auch könne man jetzt nächtens *shoppen* gehen
Und *Schnäppchenprozente* einfahren
Die *Arbeitsschwachen* können ausschlafen gar
(Und Kinder sind einzusparen)

Denn *silbermetallic* ist unser Blech
Und *freih'tlich* unsere Gesinnung
So hat alles seinen *ordentlichen*
Platz! bei der heiligen Mehrwertgewinnung

Oh, Heiliger Mehrwert Deutscher Nation
Nährst Vorstände, schützt die Diäten
Im Funkhaus hältst du das Mikrofon
Kuppelst unter der Kuppel wie weiland schon
Nur *geiler* als früher - und wer das nicht will
Dem brechen - ganz leise - die Gräten

(Herbst)

Usedom

Aus dem Schleier des Regens kam
Der Nachmittag wie ein vornehmes Schiff
Leuchtend über die Ostsee
Von Wolin

Auf den Sandbergen
Saß der liebe Gott
Plätscherte verträumt mit den Zehen
Und die Grazien des Sommers
Hielten unter dem Portal
Und schauten zurück noch einmal
Über das Haff noch einmal
Über die Rücken der Wälder
Nach Polen
Über den Strand noch einmal
In die Pastelle der Luft und der See

Bansin war voller Erwachsener
Im makellosen Raum
Sie sprachen wenig
Es war teuer
Oder die letzte milde Wärme
Auf den Bänken
Weiß wie die Wirklichkeit
Der Novellen
Hinter den schwarzen Brillen
In der Pause der Wirtschaft

September

Am Saum der Sölle brennen die Beeren
Schwalben noch suchen Sachen zusammen
Wie leise die Wespen die Birnen verzehren
Die Tage gehen unter der Hand

Vielleicht ist der Sommer im Regen zerronnen
Gesuchtes gegangen ohne ein Pfand
Und in den Gebüschen hat etwas begonnen
Was einem bangen Gedächtnis entstammt

Vögel bewachen das Tor zu den Nächten
Rotkehlchen schlagen an ganz feines Glas
Doch in Wipfeln ist Wind, ein ruhloses Weben -

Soll immer das Zarte zuerst sich ergeben
Und müde vom Streben, von endlosem Fechten
Sich legen ins kühler werdende Gras?

Ermüdung

Unmerklich
Unter dem *Schönen Tag noch*
Im deutschen September
Schob sich der Herbst in die Waldränder
Gelb und
Ein staubiges Braun

Plötzlich würde er da sein
An einem Montag
Wie ein großes Schiff -

Nach der nächtlichen Leitkultur
Pornografischer Quote im Wohnzimmer
Nach dem Schreibdreck
Auf dem Tanktresen am Morgen
Schob das Volk den Sonntag
Durch den Park
An der Elbe
Anhaltiner
Angenehme Leute
Aufklärung / Im Blick unter Bäumen / Wasser
Ich wusste nicht weiter

What war with Iran
would look like
Schrieben sie ihn herbei

Schon schob sich der Terror
Der Industrie
An das nächste Ziel

Nicht einmal die Mühe
Eines anderen Musters

Wie müde machten die Mühlen
Der Mörder

Unterschicht

Mit aller Macht des Sonntags
Den Schein wahren
Die Mitte im Goldenen Oktober
Das Stottern der Talkshows noch
Im Gemurmel der Kaffeezeit das Entsetzen
Der Sekunde Zögern vor dem
ABGRUND

Der GRUNDFRAGE
Armut
Lieber als Herbstkollektion
Rumbeißen auf dem Bonbonpapier -
Im Leerlauf klappen die Münder der Medien
Die Protestsongs der Klingeltöne bringen`s nicht mehr
Wann kommen die Feuerzeuge

-

Ganz trockenes Gold. Birken. Preußische Kirchen
Wildgänse lachen über der Havel
Genug von allem
Auf den Speisekarten
Den Feldern Immergrün
Den Ufern lange
Nach den Kriegen

Armes Land Angst

Das Grinsen der Gläubiger

Flächendeckend PS
Patrouillen
Pfiffe der Personalchefs

Größere Schirme schmeißen
Schwitzige Spiele in die Stuben
Und ersticken
Die Ruhe vor dem Sturm

Cool kocht die Industrie
Für aller Kontinente Knete
Die Knochen besorgt das Kanzleramt

Alles *was zählt*
Ist unter Strom
Wir bringen das Wetter
Zum Amazonas

Die Räder drehen rein in den Lüften
Und zeigen den Zugvögeln
Wo`s lang geht

Die Räder drehen rum an den Zeitgenossen
Die zollen ihr bestes Hemd
In den Tank / auf Pump
Pulst das Leben / *Dahin!*

Dahin
Oh, lasst uns ziehen

Was ist Island wert

Was ist Island wert
Wenn die Börsen rutschen
Und retour die Kutschen
Feiler Meinung flutschen
Und am Daumen lutschen
Alle schnell bekehrt

Was ist Island wert
Wenn die Spekulanten
Schleudern über Banden
Und geföhnte Tanten
Kreischen: *Oh, ihr Übermannten*
Bleibet unversehrt!

Was ist Island wert
Wenn die Old Boys einig:
Sei der Weg auch steinig
Gar das Volk bockbeinig -
Wir rückführen lassoleinig
Das entlaufende Pferd!

Was ist Island wert
Wenn das Pferd ein Kalb
Golden
Und ein Drache halb
Der von Blut sich nährt
UNS ZUR HÖLLE FÄHRT

Was ist Island wert...

Rückweg

Lichtmulde, Laubflug
Pfeifwind
Weithimmelig über Wegen
Weichgetrunken endlich
Nach des Sommers Ernst
Der Sand

Und die Säume -
Schmaler Atem
Zwischen den Diktaturen
Hier ein Weißdorn, eine Esche
Hat überlebt
Laubsänger noch in den Beeren
Trockener Holunder
Nach dem Regen ist Herbst

Die Wege über Land
Johnson
Ich zähle jeden Stamm
Jeden Söll jeden
Schatten
Ein Leben ist zu wenig
Zum Sterben

Wenn man sie lässt

Wolken wie Herden ziehen zur Sonne
Weit spannt sich das Land im Spiegel der Wasser
Und Kronen träumen in raumigen Wiesen
Trompeten am Himmel

Und reich wie Rosen
Auge in
Und der Warte

Ich starre

Es ist so still

Ein Klopfspecht.

Am roten
Im Rauschen der
Die Chöre der großen
Fanfaren des Anfangs und Endes
Jeglicher wirklicher Zeit
Zu ruhen im dunkelnden Luch

von allen Seiten fallen sie ein

ruhen Enten auf dem waldweiten See
    Auge mit den eigenen Völkern
      der Adler auf den Huteeichen

  auf die geborstenen Äste aus Jahrhunderten
     Und erschrecke wie schön sie sind
       Auf ihrem langen letzten Weg

           Wenn man sie lässt

      Am Waldrand beginnt Schweden
Das Bruch brennt im Oktober. Blau bis Russland
  Der Birken weiße Asche des Sommers

wie bei der Eröffnung eines Einkaufszentrums
    Am anderen Ende der Stadt -
  Ein Fallblatt. Die Luft im Schilf

    Bis sie kommen
  Rande des Tages
neuen Kleider
  Vögel

Klinik

Langsam werden die Blätter still
Schnell noch springt ein Fisch im Schilf
Traurig sein darf jetzt, wer will
Träumen, dass wer hilft

Altgewordene Kinder hier
Um den eigenen Kreis
Müde Augen suchen ab
Was die Haut schon weiß

Blinde Nebel aus den Sternen
Fallen Tag um Tag
Angst auf Angst wie in Zisternen
Ob ich schweige, ob ich frag

Und ich zeichne meine Hand
Auf ein Blatt Papier
Du malst warmen Wüstensand
Träum`, ich schenk es dir

Bei meinem Gott

Eichelhäherland

Grünborke
Blaustunde
Dunkles Gold getragener Mäntel
Helles Haar am Ufer

Herbst unter Hutebäumen
Nachts tafeln die Schweine
Und das rote Wild
An den Rändern der Wälder

Indianersommer am Warnker See
PowWow aller Tiere vom Volke der Enten
Wie heilige Hände die Latrinen der Kormorane
Im letzten Licht

Wie Geister die Leiber der Rinder
Im Ried am Rande der Nacht
Über der riesigen Senke aus Regen
Und aller Wiesen Wasser der Elde

Wohnung der Fische und Vögel und Menschen und jeglichen
Fußvolks der Großen Herrin
Unter dem Rätsel des Himmels
Jahr um Tag

Und Gott sei Dank

Acht Briefe

Acht Briefe sind geblieben aus einem Mond Oktober
Ich fand sie gestern Abend in einem festen Fach -
Wie viele Jahre sind durch meine Zeit gegangen
Wie viele Wege brachen bevor sie angefangen -
Die Briefe lagen schweigend unter meinem Dach

Kaum sind zu lesen noch die handgesetzten Stempel
Die Postwertzeichen übrig von einem anderen Land
Halt still mein Herz es ist nur gestriges Papier
Acht Briefe sind nur zweimal vier -
Der Hände Zittern hält die Zeichen ihrer Hand

Was bleibt von einem fernen Mond Oktober
Letztem Septemberblau und letzter Blumen Licht
Ist`s dieses Flüstern aus den aufgeschlagenen Seiten
Das nicht gestorben ist als alles starb vor Zeiten
Und wie ein Heimweh wieder in die Kehle sticht

Vorbei - das ist der lange leise Tod des Herbstes
Vorbei - ist Winters Wut und Angst und Eis
Das niemals taute niemals brach in neuer Wonne
Das nur dem Schweiß ein Bett war in des Sommers Sonne
Gespitzter Spiegel gab es niemals selbst sich preis

Nur kleine Hände konnten es vielleicht durchgreifen
Und Füßchen fanden mutig manchmal warmen Grund
Doch vielleicht hörten sie mit aufgerissenen Augen
In Worten und in Witzen die nur mäßig taugten
Ein wundgeschwiegenes Flüstern - und waren selbst schon wund

-

Wie kommt das Mondlicht nur in diese Zauberzeichen
Ein Strahlen wie aus Stunden ganz von Staunen weit
Aus frühem Leben kam als Traum sie mir entgegen
Um sich an einem Abend ganz zu mir zu legen -
Und fortzugehen im Dämmerlicht als Wirklichkeit

Die Nacht war weh und weiß wie der Oktobermond
Ich stand zu lang schon Wacht in einem öden Sturm
In Trümmern irrte ich in einem falschen hohen Haus
Sie hielt mich fest - wie eine Fee - zeigte hinaus
Doch irrt ich weiter - und konnt nicht finden, was ich nie verloren

-

Was ist um mich? Was macht dich Herz noch immer rasen?
Was heißt: *vorbei*? Was heißt: *in aller Ewigkeit*?
Es ist was in uns das wir elend tragen müssen
Es ist was in uns das uns überschwemmt mit Küssen -
Und immer fährt Frau Mond dahin in einem fernen Kleid

Variation zu Rothko

Der Herbst fällt hell aus den Pappeln
Schält sich ins gilbende Schilf
Scheinbar vergessenes Gut

Kostbare Zone der Zungen
So hält sie zusammen

In eisiger Zeiten Weiß
Die Rede
Von Blau zu Blau

Sisyphos

Die Farben an den Nachmittagen
Auf Ziegelwänden und am Horizont
Die winternahen Wolkenfronten
Die Birken blätterlos und gleißend weiß besonnt -

Das Licht fliegt einen blauen Weg nach Norden
Und trägt Bedeutungen an seiner Hand
Ich folg`, wir fahren flugs vorbei an Orten
Die ich fürs Leben hielt und die ich nicht gekannt

Da unten liegen Säume, Städte, Ströme
Das Land an einem späten Nachmittag
In diesem Schein, an den ich niemals mich gewöhne
Und den ich danach suchend nur ertrag

Abschied

Jetzt sind die Farben gefallen
Zeichnungen stehen vor der Stadt
Die Wellen ruhen im Hafen
Die Stunde schlägt zweimal matt

Ich bin hier noch einmal gewesen
Ich werde hier noch einmal gehen
Die Schilflichtsekunde, wie damals
Vorüber - ein ratloses Wehen

Irgendwann

Nicht im Balsam einer Bar
Plötzlich Wangenschein
Haar
Herz im Bauch

Nicht vorm Rot am Abend
Freigewordene Weile
Hafen
Andershauch

Nicht in hoher Bögen Raum
Fanal der Fanfaren
Traum
Tränenhell

Nicht im Beben einer Bahn
Noch einmal die Stunde
„Zeiger,
Sei nicht schnell!"

Nein, im Sturm stirnenkalt
Parkplatzregen
Dann
Irgendwann

Erscheinung

Manchmal im November
Wenn zaghaft das Licht noch einmal
Die Buchen umarmte
Und ein roter Teppich für alle
Den Weg entlang lag

War es so still
(Ein Martinshorn fern…)
Dass man glaubte
Aus diesem Augenblick allein
Leben zu können

Frost, zu früh

Von Norden legen Wolken eine kalte Hand aufs Land
Erschrocken starren Äpfel rot aus frühem Schnee
Die lauten Münder künden Sterben als das Thema an
Und auf den Märkten startet Weihnachten vom Band

Hier draußen ist es blau und kalt bis in den Magen
Wacholderdrosseln fliegen vor dem Wetter her
Wildgänse rufen ängstlich nacheinander
Und letzte Kranichscharen rudern rasch zum Meer

Im alten Haus arbeiten jetzt die Öfen
Und warm ist nachts im Mondlicht noch ihr Leib
Ich kann nicht schlafen, wache auf den Zinnen
Und such` das Land ab, ratlos, wo dein Atem bleibt

Der Mond ist da. Und helle kalte Wolken
Der Wind hat sich gelegt. Der Frost hat`s ihm geboten
Und alles wartet ab mit spitzem Ohr
Durch dünne Röhren wird der Morgen folgen

Der sitzt noch still und schwer am Bett der Kinder
Bald wird ihm leicht im Strömen ihrer kleinen Brust
Den jungen Mädchen streicht er über warme Münder
Und Tod und Teufelszeug verlieren ihre Lust

Das hält für einen Tag und einen roten Abend
Und manchmal noch für eine Schweigenacht
Doch immer kommt der Tod zur falschen Zeit
Und macht am Ende, was er macht

Pirna

Unter dem schwarzen Schatten
Sonnenstein
Kroch der Efeu aus den Mauerblöcken
Befreit und gekettet
An das Schloss

Die uralte Stadt
Die schöne Stadt im Licht
Die Hänge am Nachmittag
Die Plätze wohl in der Ordnung
Des Freitags
So viele
Unter dem Laub der Eichen
Über den roten Mützen der Häuser
So viele einzelne
Auf den dunklen Stufen aus Stein
Im Blick über die Schleifen des Flusses
Die Brücke nach Osten
So viele einzelne kleine bunte
Wie die Pastelltücher der kalten Luft
Als Abend ahnbar gegen den Zeiger
Schon leuchteten Lichter
Auf dem Markt stand der Weihnachtsmann
Vor den Kindern sie sangen
So viele einzelne kleine bunte Kreuze
„Deutschlands ältester Biergarten"
Hing wie eine Kloschüssel
An dem Koloss der schartigen Erbschaft
Sonnenstein   So viele einzelne kleine bunte Kreuze -

Kleine bunte Kreuze
Für die Toten
Die nicht sterben durften sondern

Vergast wurden
Als die deutsche Industrie
Ihren Rüssel ausfuhr über die Elbe
Über andere Flüsse
Ströme
Endlos
Wie der Güterzug der aus Tschechien
An mir vorüber rollte
Mit so vielen großen bunten blitzenden Audis

Rumlaufen in Ostdeutschland

Rumlaufen in Ostdeutschland
Ich komme aus dem Bergwerk von Falun
Ich heiße Rip van Winkle
Ich hatte dreißig Jahre noch zu tun

Ich saß im Berg
Das Flämmchen, das noch Licht gab, brannte aus
Ich spielte Bürger
Und war in ihrem Berg doch nicht zu Haus

Verließ die Tafel
Im Rucksack noch paar Brote für den Weg
Draußen war Sommer
Im Sonnennebel lag ein alter Steg

Bald fiel der Schnee
Ein Schiff nach Hause war wohl nicht gekommen
Das Land lag still
Doch hatte ich ein Flüstern schon vernommen

So lief ich los
Im Dämmer fand ich durch ein leeres Dorf
Feldwege halfen
Dann stießen Stimmen durch den schalen Schorf

Ich lernte sprechen
Das Land lag nackt und fremd und roch nach Sprit
Die Herrin: Angst
Heute entkam ich, morgen nahm sie mich mit

Sie wohnte teuer
Durchs Gitter sah ein kleiner grauer Traum
Er lebte kaum noch
Dann war er weg - und dort ein Birkenbaum

Am Abend sang er
Einst hatte ich es im Garten schon gehört
Die Wachen wichen
Und ließen uns bis zum Morgen ungestört

Als ich erwachte
Wusst` ich vom Lied nur noch die erste Zeile
Ich bin woanders
Ich kann nicht heim. Ich lauf noch eine Weile

-

Rumlaufen in Ostdeutschland
Im Karren der Knechte und im Hohn der Herren
Das Lied der Bäume
Hilft mir die Angst zuweilen einzusperren

Da liegt das Land -
Zehntausend Jahre eisbefreite Zeit
Der Hügel Jubel
Jauchzen der Ebenen und der Wasser weit

Der Berge Schweigen -
Unter den Nebeln wächst der Riss: der Satz
Wohin - das Land?

Was nur verbirgt die Antwort
Wie einen unerhörten Schatz?

Freigang II

Schnee, das Bild von Schnee
Spuren auf den Flächen
Schwäne, der Himmel ist dunkel
Kletten, Trockenbrot
Für helle Flüge
Pfützen auf dem Weg, dünnes Eis, immer weiter

(Traum)

Bitte

Unter der Krümmung vereilender Tage
Dunkelt das Jahr seinem Ende entgegen
An Dachrinnen hängen Weihnachtsmänner
Und trinken den Regen, trinken den Regen

Im Lande hockt Krieg, ein stiller Geselle
In allen Uhren tickt er den Sinn
(Und immer sollen manche sein schneller als andere
Und andere bekommen das Leben nicht hin)

Das Meer ist ganz allein an solchen Tagen
Ein kühles Grün, ein graues Blau
Fisch ist in ihm und Vögel halten an der Luft sich fest
Doch auf dem Grund liegt schlafend eine Frau

Ich kannte ihre Augen, ihr fremdes Haar und ihren Mund
In Sanden schlafen Stimmen, die sie sprach
All meine Fragen aus dem unbeholfenen Leben
Folgen den Wellenschatten in die Tiefe nach

Vielleicht sind sie wie kleine Fische
Und stupsen gegen stillen Schlaf
Vielleicht berührt manchmal ihre
Hand im Traum die Stelle, die ich traf

Doch hinter den Dünen toben die Märkte
Es kommen die Käufer und kaufen sich frei
Sie ziehen sich die Haut ab und kleiden die Angst ein
- Nur ihre Kinder hören den Schrei

Stummer Schrei an den Fenstern zu gestern
Bunter Brei auf den Treppen der Macht
Im Zwielicht die Stimmen noch der Brüder und Schwestern
Und Stücke eines Liedes von mir selber erdacht...

-

Ich halte am Rande und lösche das Licht
Noch immer hör ich das dunkelnde Meer
Noch immer entfernt sich das nahe Gesicht
Lass mich frei, kleine Nixe! Ich weine nicht.

Wunsch Hundertjahr

An einem Junitag geh ich ins zwanzigste Jahrhundert
Hell wird die Gerste
Vor einem dunklen Wolkenschwarm
Die Sonne streicht mit leichtem Wind über die grünen Schlehen

Die Morde, die euch meucheln sollen, werden nicht geschehen
Die Kriege Krakel sein am Horizont und ohne Harm -
Und alle werden wir vor diesem Augenschein uns wundern
Wie solches *nicht* sein mag

In einem Garten gut wie wohl am ersten Tag
Und Tierfamilien ziehen ihre Runde
Auf einem Wiesensee

Und Kälber ruhen am Ufer unterm Schwalbenflug bei ihren Müttern
An diesem Nachmittag
In später Stunde

Tiefgarage

Nur um die Bilder geht es
So laufen wir rum
Alles wartet aufs Finale
So still ist der Sonntag
Nur Fähnchen brummen
Durch die Straßen
Wie eine Kontrolle -
Nach dreißig Jahren
Ein Witz
Der weh tut -
Wie die Augen der alten Frau am Tor
Wer war sie?
Wo war alles?
Was suchte ich
An den Schranken einer Tiefgarage?

Nur um die Bilder geht es
Von gestern
Im Kopf

Was noch war

Nach Theodor Fontane. Effi Briest. 36. Kapitel

Für D.

Es war keine Zeit
Es waren lila Müllautos
Es waren spitze Haare
Es waren Brillen wie Container
Es waren glatte Köpfe
Es war das Spiel „Spaßige Verarmung"
Es waren neun Nullen hinter dem Punkt.
Es war die Schuld der Verlierer
Es war die Mode der Arbeiterverräter und kalkulierter Bomben
Es waren vertraglich zugehaltene Ohren
Es waren die Finger des Siegers - ein Katapult.
Es waren Wolken auf Balkonen
Es war der Kick die Kindheit tot zu saufen
Es war der Trick die Bürger aufzukaufen
Es waren Münz-Bildung und klingende Gesundheit
Es war der Fanklub der Freiheitskriege
Es war die Hure und ihre Zuhälter
Es war die Ruhe im Lande
Es war Brot mit Biss
Es war „Klick".

Es war, was Lenin vorausgesagt hatte
Es war die Karriere der Körperöffnungen
Es war die Runde rutschender Hosen
Es waren eingeschweißte Buchläden
Es war, als alles rasiert wurde
Es war, als ausgebürgert worden war die Scham
Es war, als die Automobile losgelassen wurden
Es war, als Kulturen angelegt wurden mit Automobilen
Es war, als die Richtungen bewacht wurden von Automobilen

Es waren die Einkehr und die Speisungen
Es war die Übung in überlaufenden Fässern zu plantschen
Es war Tankstelle
Es war, als das Gut der Welt aus
   Strohhalmen immer höher gepustet wurde
   und Ost und West ineinander rasten wie in eine Wand
Es war nach dem Ende der Auswege.

-

Es war die Zeit, die du nicht mehr hattest

Es war März in den Waldrändern
Es war, als die Bilderbücher wie Boote in den Abend fuhren
Es waren vier Kinder

Es waren die Hände, die hielten Haar und Haut
Und bringen die Bilder über den Staub der Tage

Kurzer Tag

Als am Nachmittag das Licht kam
Offen und blau und grün
Die Felder waren im Winter und ganz
Still das Land vor dem Himmel
Und die Vögel vor lauter Freude -
Als die Industrie wieder mal
Kriege führte um Öl
Geschmiert regieren zu können -

Dachte ich daran, wie der Morgen war

Als ich schlafend durch die Wiesen
An der Elbe und über die Muldenbrücke
Immer zur Schule
An den Mauern aus Porphyr und Lehm
Am toten Fluss und lebte
Unter hohen Bäumen
Voll heller Pläne für den Vormittag

Als nur Wind war leer
Am Meer blau
Die Stadt
Die Finger fremd
Frauen das Atmen
Der Raketen die ganze Zeit
Lasen wir Bücher nur Lieder
Sangen wir noch

Und am Mittag kamen die Kinder
In die Freiheit. Da fand ich lange nicht
Raus. Es ging ums Geld und her
Und hin unter neuen Herren
Das Land. Nur Landschaft blieb
Und Vögel riefen mich wieder
Mit zärtlichen Namen

Als am Nachmittag das Licht kam
Hörte ich ihn leise singen
Meinen Sohn

Vor dem Abend noch
Wollten wir
Fußball spielen

Inhaltsverzeichnis

(Eine Stunde)	7
(Winter)	
Freigang I	8
Roßwein/Sachsen	9
Dörfer bei Leisnig	10
Leipzig Innenstadt	11
Funkelnde Stunde	12
Feierabend	13
Advent II/Ein Nachtrag	14
Fieber II	15
Greifswald	18
Kleiner weißer Hirsch im Gehege	20
Woyzecks Traum	23
Übergrün	24
An den vier Toren	27
Die Sorge	29
Altes Papier	31
Exil II	33
Helles, fast weißes Blau	34
Keiner kann es kaufen	35
(Frühling)	
Die Kraniche	38
Westlich Arkona	39
Klaasbachtal	41
Sie und ich	42
Abend im März	45
Neuzeit	46
Stille, steigende Wasser	48
Frühes Bild und später	50
Faust, Schwedt, Zweiter Teil	52
Rhönfrieden	53
Meisterland	54

April	55
Aufschub	56
Nachtrag	58
Entlassung	59
Zugriff	61
Reigen	63
Heiligendamm I	64
Kennst du die Müdigkeit des Frühlings	66
Bei den Brunnen	67
Sonst würde ich gehen	68
Herrentag (Heiligendamm III)	69
Kaltzeit	70
Vorpommern. Mai	72
Pouch/Bitterfeld	73
Potsdam II	74
Nachgetragene Frage	75
Kurzer Prenzlauer Berg des Propheten	77
Sonett	78
Kleiner Hamlet (Heiligendamm IV)	79
Schließlich auf Erden	81

(Sommer)

Fünf Sekunden (Heiligendamm V)	82
Aufgabe	83
Ach, Prometheus	84
Wittenberg	85
Frauen am Fluss	87
Pause	88
Bei Tempzin	89
Luftpost	90
Nänie	91
Tag und Nacht	92
Mittsommernacht	93
Mattheuers Landschaften	95
Leipzig Nordwest	96
Großer Gesang des Sommers	98

Libanon	100
Lehrstücke	101
Variation zu Kastner	102
Deja Vu	104
Postkarte	105
Am Ausgang	106
Grund Ordnung	107

(Herbst)

Usedom	110
September	111
Ermüdung	112
Unterschicht	114
Das Grinsen der Gläubiger	115
Was ist Island wert?	116
Rückweg	117
Wenn man sie lässt	118
Klinik	120
Bei meinem Gott	121
Acht Briefe	122
Variation zu Rothko	124
Sisyphos	125
Abschied	126
Irgendwann	127
Erscheinung	128
Frost, zu früh	129
Pirna	130
Rumlaufen in Ostdeutschland	132
Freigang II	134

(Traum)

Bitte	136
Wunsch Hundertjahr	138
Tiefgarage	139
Was noch war	140
Kurzer Tag	142

HOLM TELLER

Jahrgang 59. Aufgewachsen in Kleinstadt in Sachsen. Seit 1979 in Mecklenburg. Nach Studium zwei Jahrzehnte Lehrer in Rostock. Gegenwärtig beschäftigt in einem Natur- und Umweltpark. Veröffentlichungen: *Gedichte*, in RISSE, Heft 25. *Helles, fast weißes Blau. Eine Erzählung.* Rostock, 2011.